Staread
星 文 文 化

进化

evolution

[日] 仲山进也 著
于丽丽 译

快速打开局面的
职场丛林法则

北京日报出版社

团队中的犬型人

你在公司里绝对服从上级命令。
你可以牺牲自我意愿,优先服从公司的目标和指令。

团队中的猫型人

虽然你是团队的一员,却会像猫科动物那样无拘无束,看重自由。由于你有坚定的信念,所以不会对上级唯命是从。

前言

我是一个"上班族",在任职的这家公司已经工作了20年。虽然手下一个员工也没有,但我接触的客户都很不错,所以工作起来还是非常开心的。

本来我只打算做一名普通员工,却发现自己在工作中并不喜欢做和别人一样的事情,反而喜欢做一些同事们不愿意做的工作,可能这让公司里的人都觉得我是一个"怪人"吧。

一天,在一个活动上,我遇到了一位旧相识——坂崎。我们大约有两年没见面了。

他说:"我们公司的社长[1]出了一本书,想请您看看,回头我邮寄给您。"

---

[1] 社长是日本企业中的一种高级职位,是企业经营决策人,通常相当于公司的"总经理"或"总裁"。如果是规模较大的企业,社长的上一级还会有"会长"一职,相当于公司的"董事长"。——编者注(如无特殊说明,注释均为编者注)

收到之后,我阅读了这本书,觉得很有趣,还将我的读后感发给了坂崎。之后他顺理成章地安排了一次三人饭局。那位社长有一个称号——神一样的基金经理。据说,他似乎能看透一切,这还真令人感觉有点可怕。就这样,我抱着忐忑的心情,迎来了当天的会面。

席间,当我聊到自己所在的公司和我个人的工作方式时,藤野先生,也就是那位社长,虽然戴着圆形眼镜,但挡不住眼睛里闪烁的光芒,笃定地说:"你是'打工虎'。"

"'打工虎'?"

就着我这个疑问,藤野先生分享了他的观点。

"我认为世界上有三种'虎型人格'的职场人,他们让这个世界充满活力。

"第一类是'创业虎'。他们是一个公司的创始人,一般生活在大都市,利用先进的技术和商业手段开启新事业。他们甘冒风险,为了事业发展壮大,勇于挑战和创新。

"第二类是'青年虎'。他们是一群活跃在自己家乡的青年人,朝气蓬勃地带领着同样纯朴的年轻同伴,依托当地资源,通过开展多种多样的资源密集型产业活动,创造经济价值。

"第三类是'打工虎'。他们是在公司上班的员工。

最近我发现社会上涌现出一个特别的群体，他们虽在公司上班，但不拘泥于公司的条条框框，能够自由地追求自我价值。虽然他们取得成绩的方式是依托公司的资源，但驱动他们工作的绝不是公司的命令，而是自己的追求和意愿。

"在大城市创业的难度很高，在家乡打拼又需要一定的根基，而'打工虎'的门槛相对来说比较低，谁都可以成为'打工虎'。

"但无论做何选择，最可悲的状态是，有的人明明对公司心存不满，还要强迫自己与他人保持步调一致，最终被这种压力逼入绝境，产生了精神疾病。既然到了这种地步，何不换一种工作方式，抱着随时辞职的心态，在公司重新寻找自己的一席之地呢？这何尝不是一种好的选择？我想通过传达'打工虎'这种工作理念，打破日本职场观念的局限性和闭塞感。有一天，我简单地跟坂崎说了自己的想法，他告诉我，他有一个朋友完全符合'打工虎'的特征，要介绍给我认识，那个人就是你。"

"这个事情坂崎可从来没跟我提过啊。"我心里这么想着，看了一眼藤野先生旁边的坂崎，发现他在偷偷地笑。

看我还没有完全搞清状况，藤野先生解释道："我来告诉你，为什么说你是'打工虎'，有三个理由。

"首先，你们公司是一家上市公司，会给人一种纪律严明的印象，但你还是可以用比较轻松的姿态开展工作。就好比今天，你可以在工作日的午间去见跟自己没有任何业务往来的人，行动上比较自由。

"其次，刚才你就公司现有业务存在的意义进行了阐述，这让我又一次领悟到，你们公司非常重视创业之初的理念——期待与激情。同时我发现，你在工作中一定是将公司的理念和自己的目标进行了完美的结合。

"最后，你平时工作中的客户大多是全国各地的企业管理者，这些人正是'创业虎'和'青年虎'。'虎型人'的嗅觉很灵敏，他们能够区分出对方的目的是使自己任职的公司获利，还是实现个人的目标，而你得到了他们的认可，说明你是他们的同类。另外，可以和其他类型的'虎型人'和睦相处也是'打工虎'的特征之一。"

"我其实只是想让客户在经营网店的过程中感受到更多的乐趣，所以工作的状态就像是和客户一起做游戏似的……"

"对，所以你可以发自内心地享受工作。我很希望你这种'打工虎'的工作方式可以更加被社会所接受。这样的话，享受工作的人就会越来越多。"

以上就是我和藤野先生初次碰面时，令我印象深刻的谈论。

差点忘了做自我介绍，我是本书的作者仲山进也。

我在乐天市场[1]上班，主要工作是为乐天市场的网店店主或运营人员提供支持服务。我还创办了乐天大学[2]，店主们可以在线学习交流。

以那次和藤野先生的相识为契机，我开启了自己的"寻找'打工虎'之旅"。

其实也是因为我把和藤野先生见面的事分享在了社交软件（SNS）上，一位从事网媒编辑工作的朋友看到后，跟我提议："要不要试着做一个连载，内容就是记录与多位'打工虎'的对话。"

他这么一提议，我便毫不犹豫地回复："听起来很有趣，我想做！"因为只要是我所信赖的朋友邀约，我都会立刻给出"好的""YES"之类的肯定回答，可以说这是我的一个习惯。

在开始寻找"打工虎"之前，我问了藤野先生一个问题。

---

[1] 乐天市场是日本最大的网购平台，由日本乐天集团（Rakuten Group）经营，采用厂家或大型卖场和消费者直接交易的模式。

[2] 乐天大学是日本乐天集团对外推出的电子商务在线培训服务平台，可以让广大电子商务经营者学到如何有计划、有组织地经营自己的店铺；也可以让店长们经由该平台形成联结（SNS效应），互相交流经验，对业绩提升具有辅助效果。

"为什么喻体选择了老虎呢？这有什么特殊的含义吗？"

藤野先生便和我进行了这样一段对话：

"老虎热爱自由，不喜欢拘束，又强悍有力，有着锋利的獠牙。与之类似的动物便是猫。"

"也就是说还有'打工猫'，是吗？"我问道。

"猫的体格和老虎比起来要小，惹人怜爱。他们虽然没有那么大的力气，但也是自由自在、我行我素。他们虽然身处集体当中，却保留着自己坚定的意志，是否听从主人全凭自己的心情。我认为，那些没能成为'老虎'的人，完全可以选择当一只'猫'。而经常被拿来与老虎做比较的，其实是狮子。"

"老虎和狮子有什么区别呢？"

"作为百兽之王的狮子虽然与老虎一样，都是力量的象征，但狮子是群居动物。可以说传统的职场精英都立志成为一头'狮子'。"

"原来如此，'狮子'在团队中是那种君临天下的首领啊。在这三种动物的基础上，再加上一种服从命令，但又不像狮子那般有力量的动物——犬，就可以组成四象限[1]啦！"

---

[1] 本书把四象限里的四类职场人士分别称为"猫型人""犬型人""狮型人""虎型人"。

"嗯！确实成了四象限！但这里我必须强调工作模式的多样性，我不提倡只保持某一种工作模式，而是建议大家选择自己觉得舒服的工作模式。让'猫型人'像'犬型人'那样工作，他们一定会感到很痛苦。所以我要告诉大家，职场中除了'犬型人'的工作方式以外，还可以有别的选择。"

那次谈话之后，我开始了寻找"老虎"的旅途，与十多位"虎型人"进行了深入交流。他们当中有的是企业员工，有的是银行职员，有的是公务员。当然也有人曾经是企业职员，后来开始创业，成为企业的掌舵人。另外，公务员中的"老虎"，我将其命名为"公务虎"。

这本书聚焦于"虎型人格"的职场人，将他们富有魅力的思维方式和行为举止进行了整理概括，希望能给大家带来启发。

概括来说，在工作中，"虎型人"一般都是通过发挥自己的强项，为团队乃至社会做出贡献。如果他们觉得上级的命令不合理，会选择坚持自己内心的想法，而不是一味地服从。因为能够利用自身的优势创造价值，在职场中他们往往保持着自然放松的状态，并且他们创造的价值又被周围的人所需要，所以"虎型人"独特的工作方式得以长久存续。本书中，我将针对这种自由且可持续的工作方式，以实际案例

团队中的四种动物型人

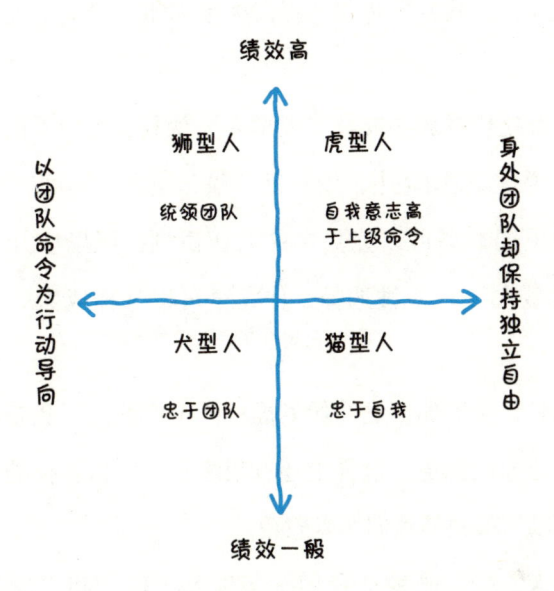

```
                    绩效高
                      ↑
         狮型人    |   虎型人
                  |
         统领团队 |   自我意志高
                  |   于上级命令
以                |                    身
团  ←─────────────┼─────────────→      处
队                |                    团
命        犬型人  |   猫型人           队
令                |                    却
为        忠于团队|   忠于自我         保
行                |                    持
动                |                    独
导                ↓                    立
向             绩效一般                自
                                       由
```

进行分析，同时介绍多个"虎型人"的具体工作策略。

但是，有一个问题。

由于"虎型人"的工作方法太过超前，乍一看可能会让人觉得难以效仿。本书中的几个小故事，可能会使你产生这样的疑问："咦，在职场还能这么做？这真的可行吗？"

所以，我对"虎型人"的特性进行了梳理，并在对其抽丝剥茧一番之后，总结出了他们的思维方式和行动模式的共通点。相信读者们阅读之后就会发现，这些共通点其实非常简单，任何人都可以快速习得。

在这里，我并不想贸然提议大家都朝着"虎型人"的方向努力。

我首先想对那些披着"犬型人"伪装、郁郁不快的"猫型人"说："在团队中，做一只'猫'也未尝不可。"

希望这本书可以让更多的人认识到：职场中并不是只有"犬型人"这一种选择，你完全可以选择成为一个"猫型人"。

同时，对于那些已经像老虎一样工作的人，我希望这本书可以让他们知道：世界上还有很多和你气味相投的人。这或许可以给孤独的他们一点慰藉。

那么，接下来就让我们一起进入"猫"和"虎"的世界吧。

目录
contents

第1章
职场中的四种工作方式

团队中的"猫""犬""狮""虎"分别代表什么?

团队中的四种动物型人 / 002

团队中的人际关系模式 / 008

四种动物型人的规则观 / 012

四种动物型人的角色观 / 016

四种动物型人的成长观 / 020

四种动物型人的失败观 / 024

四种动物型人的实际数量 / 028

猫型程度自测表 / 032

第 2 章

在团队中出色地自由工作
虎型人的工作方式

做应该做的事，不被头衔所困 / 038

两秒内就回复，成功率高达七成 / 041

创造惊喜，给人带来欢乐 / 044

敢于选择看似低效的非常规方法 / 046

工作不是做加法，而是做减法 / 049

让脑海中闪现的画面变成现实 / 051

没有预算也要行动 / 054

把"业余"变成你的一个强项 / 057

尽量做契约社员 / 060

拓展社交圈，随时招兵买马 / 063

共享缘由，激发共鸣 / 066

明确自己的价值，并准确地传达给对方 / 069

职务不是"岿然不动的山"，而是"流动的河" / 072

为了 80 年后的美好世界而工作 / 075

出岛式的工作方式 / 078

让员工把"第二副面孔"运用到工作中 / 081

四维开放创新 / 084

把工作委托给专业过硬的人 / 087

与公司谈条件 / 090

让半径 5 米以内的人 200% 满意 / 093

先赢得外界的认同，再反向输入公司内部 / 095

上班就是在打怪升级 / 098

重视实践和调研，会有好事发生 / 101

第 3 章

获得突破性成就的人有什么共同之处？

虎型人的 10 个共同特性

自我意志高于上级命令 / 109

偏离"轨道"的挫折经历是人生的转折点 / 111

能够取得瞩目的成就，也有突出的个性 / 113

在公司的高层中，有虎型人的知音（庇护者）/ 115

曾有过"一贯式"的工作经历 / 117

不擅长以团队的形式完成工作 / 119

能与其他类型的虎型人相处融洽 / 121

容易和公司外部的人结成联盟 / 123

热衷于给别人牵线搭桥，努力实现团队自运转 / 126

顺其自然地扩展自己的业务范围 / 128

第 4 章

"做好加减法",打开成为虎型人的大门
从猫型人到虎型人的进化之路

职场中的加减乘除法则 / 132
失败的加减法则:累加的数量不够 / 141
失败的加减法则:累加的质量不达标 / 145
优势鲜明的判断标准 / 148

第 5 章

从"团队中的怪人"到"革新型人才"
团队中不可或缺的虎型人和猫型人

架设"起型人才"与"转、合型人才"之间的桥梁 / 155
重新布局公司业务和组织形态 / 161
启动新项目,放手老项目 / 164
做现有业务做不到的事情 / 169
摆脱支柱业务的束缚 / 172
脚踏实地地播种 / 175
虎型人在团队中的价值汇总 / 178

第 6 章
打造一个自律型团队
发挥虎型人和猫型人的作用

关于虎型人和猫型人的几个常见疑问 / 184
打造适合虎型人和猫型人发展的职场环境,不要做的
9 件事 / 191
给快乐工作的人一定的约束,给认真工作的人一定的
自由 / 203

结束语 / 206

谢词 / 215

附录 / 218

第1章

职场中的四种工作方式

团队中的"猫""犬""狮""虎"分别代表什么?

▷团队中的四种动物型人

在本章中,我将介绍职场中的猫型人是如何工作的。在工作方式上,他们与犬型人有很大区别。另外,针对虎型人和狮型人的职场生态,我也将在本章中进行归纳分析。但不得不承认,我作为一个生物学的门外汉,这些所谓的归纳分析,仅仅是凭借我自己笼统模糊的印象整理的,和动物真实的生态特征可能会有差异,还请见谅。

现在,我们来了解"团队中的四种动物型人"(见图1-1)。顾名思义,职场中工作方式不同的员工被比喻成了四种动物。

首先,在工作中以团队命令为行动导向的是左侧的狮型人和犬型人。与之相反,身处团队却保持独立自由的是右侧的虎型人和猫型人。

绩效高

狮型人
统领队伍

虎型人
自我意志高于上级命令

以团队命令为行动导向

身处团队却保持独立自由

犬型人
忠于团队

猫型人
忠于自我

绩效一般

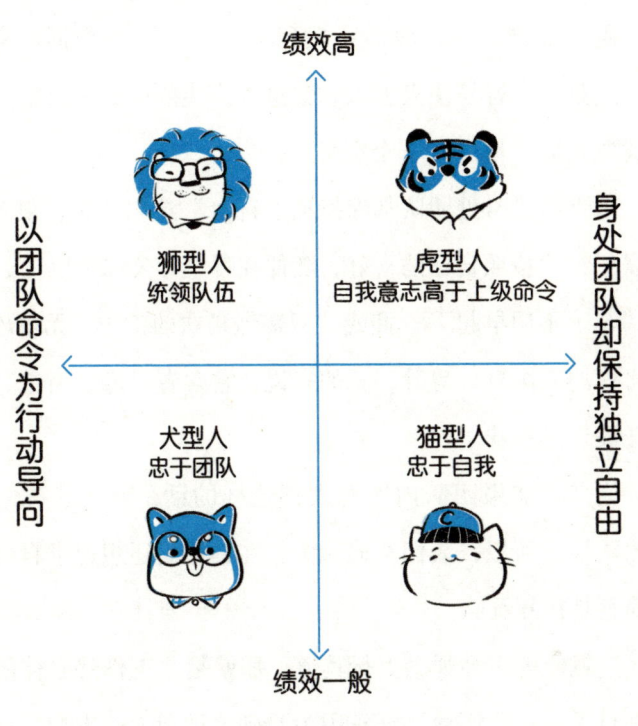

图1-1 团队中的四种动物型人

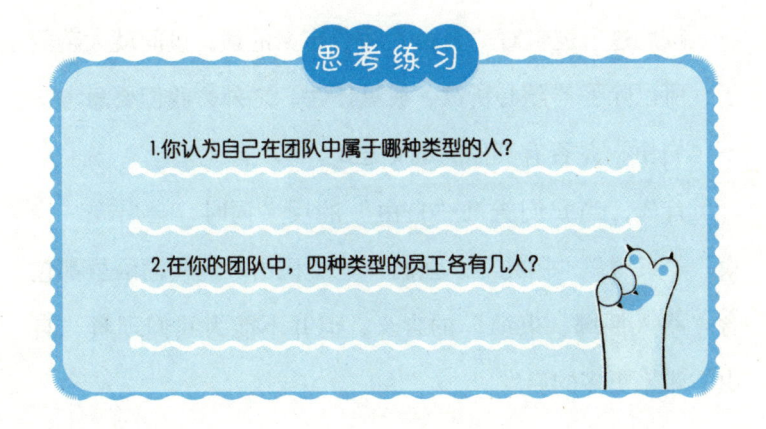

思考练习

1.你认为自己在团队中属于哪种类型的人?

2.在你的团队中,四种类型的员工各有几人?

需要强调的是，前面我提到了"自由"这个词。实际上，这是一个容易使犬型人和猫型人产生隔阂的关键词，所以我要先给"自由"下个定义。

当听到"身处团队却保持独立自由"这句话时，很多人会联想到"按照自己的喜好，随便在哪里办公都可以"，或是"早上不用早起"，抑或"只需做喜欢的工作，无须理会不喜欢的工作"，等等。总的来说，它含有"随心所欲，放纵任性"的意味。

当然，如果团队内所有人都这样的话，就无法称之为"团队"。所以，人们普遍认为：在集体里还想追求自由，这简直是在开玩笑。

这就使得一种观念大行其道，那就是"工作势必伴随着失去自由和自我牺牲"。正因为受到这种观念的影响，社会上出现了很多两眼空洞无光、萎靡不振的打工人。

按照这个逻辑对"自由"进行定义的话，世间就太苦闷了，所以除了"随心所欲、放纵任性"之外，我们要思考一下"自由"是否有其他的定义方式。

首先，当我们查询"自由"的反义词时，会出现"拘束""束缚""制约""强制"这类词语。这些词语虽都包含"将人捆绑、束缚"的含义，但并不能为我们理解"自由"带来更多的启发。

那只有换一种方法。我试着对"自由"这个词进行拆解，则分别为"由于自己"和"有自己的理由"。如果一个人做一项工作，是因为"自己想去做"或者"觉得这项工作有意义"，我们并不能说这个人就是"随意任性"的，而且他在工作中也不一定伴随着"自我牺牲"。所以我认为把"自由"定义为"有自己的理由"会更加恰当。

这样的话，说到"自由"的反义词，我姑且自创一个词，那就是"他由"。

"他由"指的是接收到别人下达的命令后再开始行动，也就是因他人的安排我们才开展工作。

即便最初是因别人的命令才开始工作，在工作过程中我们自己也为这项工作赋予了新的意义，产生了类似于"我想做""这很有意义"的想法，这种情况也可以归类为"自由"。

很多人的工作都是从"他由"开始的。大多数情况下，我们会因为领导下达的某个命令才开始进行一项工作。但在工作进行的过程中，如果我们可以主动去理解这项工作的意义和价值，能够将"他由"转变成"自由"的话，那也可以称之为"自由的工作"。

相反，如果我们无论如何都理解不了某项工作的意义或价值，完全是被逼无奈才推进这项工作的，那么这就是真正的"他由的工作"。

结合"团队中的四种动物型人"来理解,倘若一个人面对领导下达的命令,无法将其转换成"自由的工作",却心甘情愿地接受并执行命令,那么这个人就属于犬型工作人格。

相反,面对一项无论从什么角度分析都是"他由"的工作,如果一个人绝对忠诚于自己的内心,想办法逃避这项工作,或者干脆不去理会这项工作的话,那么这个人就属于猫型工作人格。当然,在现实中,也有"自由"工作的犬型人,同样也有因"他由"工作而闷闷不乐的猫型人。

因此,所谓的"自由"指的并不是"随心所欲、放纵任性",而是"有自己的理由"。

这一点,请大家一定充分认识。

在认清了猫型人和犬型人的区别后,我们回看图 1-1,就会知道接下来要登场的是狮型人和虎型人。

二者的共同点是工作绩效都很高。这里并不是说猫型人和犬型人的绩效低(在图中,对其绩效的形容使用的也是"一般"这个词),而是想强调狮型人和虎型人经常会取得有目共睹的杰出成就或重大成果。

狮型人是统领团队的中心人物,可以说是"老大"。

他们位于金字塔的顶端，带领着整个团队。狮型人吼起来的模样虽然很可怕，但是他们会体恤、关怀下属，所以深受大家爱戴，是典型的"优秀领导者"形象。

与之相对的虎型人就缺少一点"老大"的架势。

他们不喜欢稳居团队中心，反而更愿意和大家打成一片，喜欢平等的关系，经常徘徊在集体的"边界地带"。如果说狮型人负责的是主流业务的话，虎型人则经常在"非主流的地方"出没。

前文提到的"边界地带"，指的是各种人员、物资、业务的交汇点，往往混乱无序。虎型人经常把在那里发现的需求和商机带回团队中，立项启动。可以说，狮型人是把众人很好地凝聚在一起，而虎型人更像是把大家都组合在一起。

因为虎型人不喜欢一成不变的状态，他们经常会打破僵化的团队架构，然后将打散了的人和事，重新归拢到一起，再次进行资源整合。这就是虎型人带领队伍的方法。

狮型人周围的人，大多在有条不紊地推进工作。而在虎型人的周围，大家经常是吵吵闹闹地反复尝试，失败了再尝试，即便再次失败依然会摸索着前行。

如上文所说，我们大致了解了四种动物型人的区别，接下来，让我们一起深入探究每一种动物型人吧。

▷ 团队中的人际关系模式

职场中，这四种动物型人之间的关系模式，我们可以参考图 1-2 进行分析，各类型之间是否合拍也可一目了然。

·上下级关系

犬型人对狮型人比较畏惧，所以万事都会听命于狮型人。

而猫型人对虎型人有崇拜的心理，他们内心会想："我要是能成为×××（虎型人）那样的人就好了，不知道自己能不能做到。"因此，当猫型人参与到虎型人发起的项目中时，他们工作起来会非常有干劲。

·平级关系

狮型人和虎型人互相尊敬。他们清楚地知道，因为彼此

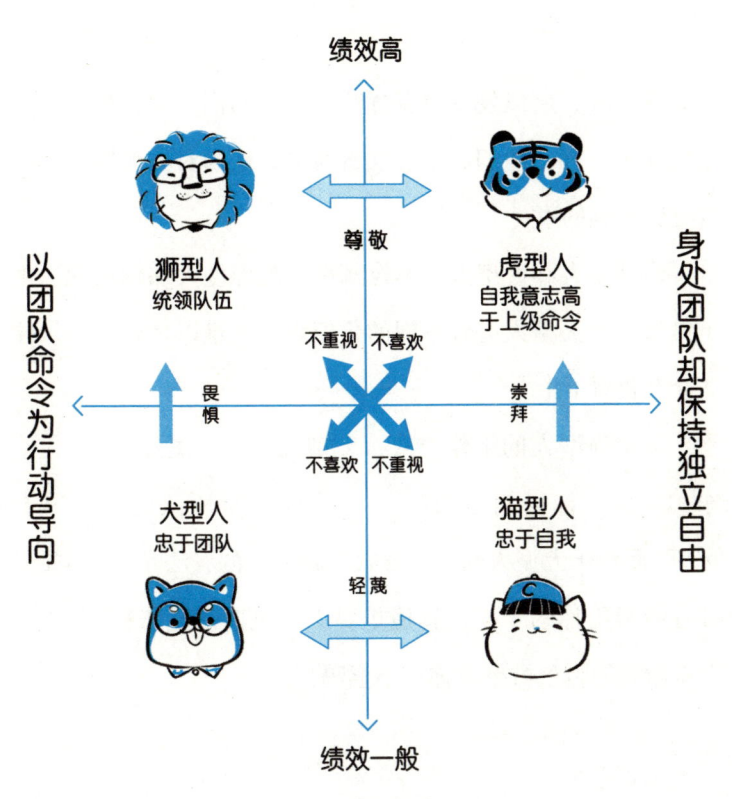

图1-2 四种动物型人的关系模式

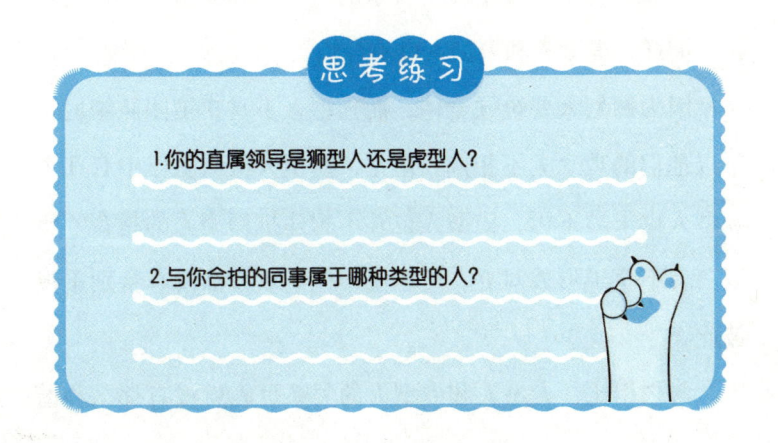

思考练习

1. 你的直属领导是狮型人还是虎型人？

2. 与你合拍的同事属于哪种类型的人？

的天赋不同，所以发挥自身优势的方法不同，擅长扮演的角色也就不一样。他们心中会欣赏对方，认为对方可以做一些自己做不到的事。

而猫型人和犬型人，不像狮型人与虎型人那样成熟。由于猫型人和犬型人有着不同的价值观，又难以理解对方，往往会互相看不上。

对于猫型人的工作方式，犬型人会在心里想："交代给你的工作，你得用心做呀。""不要扰乱团队的工作节奏呀。"而对于犬型人的工作方式，猫型人的看法是："不要只盯着吩咐给你的工作，其他重要工作也要动起来啊。""天天看领导的脸色行事，你们不累吗？"

· 对角关系

一般情况下，处于对角关系的狮型人和猫型人不是很合拍，同样，虎型人和犬型人也不合拍。

因为狮型人要统领全体，而猫型人不喜欢被团队掣肘，所以他们的观念大不相同。但是，狮型人认为队伍中有几个猫型人也未尝不可，猫型人也并不想违抗狮型人的指令，所以二者不至于形成对立。可以说，他们双方都没有特别重视彼此。

与之相比，犬型人和虎型人的关系可能就没有那么和谐了。因为在犬型人的心中，公司命令高于一切，而虎型人则认为自我意志高于公司命令。特别是"创业虎"和"青年虎"这些虎式经营者，他们在与其他公司的人打交道、谈合作的时候，会特别讨厌那些打着共赢的旗号，实则将自己公司的利益放在首位的员工。

一旦嗅到那种气息，他们甚至可能在见面不到一分钟的时候，就跟对方说："你想了解的内容都已经写在资料上了，我可以回去了吗？"

如果犬型人和虎型人在同一家公司任职，犬型人就容易对虎型同事心生嫉妒，因为犬型人完全服从于公司，会感觉自己的所思所想都是为了公司，虎型人却按照自己的想法为所欲为，这在犬型人眼中，是非常不公平的。

综上所述，每一种动物型人都有各自投缘或不投缘的其他动物型人，他们之间即便差异明显，也并非水火不容。每种动物型人都有着自己的价值观和工作方式，在团队内发挥着不同的作用。团队领导如何利用他们的不同之处，才是至关重要的。

接下来，我们分别从规则观、角色观、成长观、失败观的角度，来看一下四种动物型人的价值观。

▷四种动物型人的规则观

"规则观"指的是一个人对规则的理解和态度。如图 1-3 所示:

在狮型人看来,要想统领队伍,必须制定规则。

犬型人则认为,规则是必须遵守的。他们经常把一句话挂在嘴边,就是"这是规定"。

而猫型人非常讨厌规则,觉得规则往往会束缚自己,让自己喘不上气来。他们的口头禅是"没有必要这么规定吧"。

而在虎型人看来,规则(由自己制定的)是他们提升绩效的有效手段。

总结来说,猫型人和犬型人普遍认为,规则是由他人制定、自己被迫遵守的条款(他律)。但在狮型人和虎型人眼中,规则是为了提升绩效,由自己制定的约束事项(自律)。

绩效高

狮型人
统领队伍需要规则
（自律）

虎型人
规则是提高绩效的手段
（自律）

以团队命令为行动导向

身处团队却保持独立自由

犬型人
必须遵守规则
（他律）

猫型人
讨厌规则，规则令其窒息
（他律）

绩效一般

图1-3 四种动物型人的规则观

思考练习

1.你的领导更倾向于制定哪种类型的规则？

2.你对规则持有怎样的态度？

013

规则的制定方法一般有两种。一种是"唯一选项型"。举个例子，由于个别学生穿着奇装异服去上学，学校周围的居民对此表达了不满，学校就要求学生必须穿统一的校服，其他类型的衣服一律不允许穿进学校，这种规定方式就是"唯一选项型"。

另外一种是划定一条"边界线"，越过这条"边界线"就算作违规，但只要在"边界线"以内，无论在哪个位置都是可以的，这种规定方式就是"边界线型"。

狮型人和虎型人制定的一般是"边界线型"的规定。

虽然犬型人有的时候也会制定规则，但他们往往倾向于"唯一选项型"的规定。因为他们觉得这种规定会让管理更加方便，可是，这样的规定却容易让猫型人感觉窒息。比如面对穿校服这个唯一选项，猫型人心里会表示反对："只要不影响周围居民，给学生一定的选择空间不行吗？何必要求必须穿统一的校服呢？"

那么，为什么"唯一选项型"的规定容易在集体内盛行呢？其中一个原因就是划定"边界线"太麻烦了。如果我们想划定一条逻辑缜密、没有漏洞、令所有人都满意的"边界线"，需要花费大量的时间和精力去思考研究，而人们往往不愿意那样做。

其实，当一个人拥有成熟且独立的思想和世界观（比如虎型人或狮型人）时，他们就有能力划清界限。比如他们可以判断出，"越过 A 范围还不算违规的话，这条规定就太宽松了，不应该这样定""界限不可以超出 B 这个范围，不然不合理"。类似这样，依靠他们明确的判断，界限就得以确定下来。

换一个角度来解释，一个人如果拥有成熟且独立的思想和世界观，他们做判断的时候就不容易感到困惑或苦恼，那么确定边界线的效率也就会提高，不必为此花太多的时间和精力。

总而言之，"边界线型"的规则实际上是一种自我约束，其存在的意义并非为了约束他人，而是为了保护我们自己的自由。可以说，它是为了服务于我们自身而存在的规定，即"自律"。

另外，我还想强调一点，"规定"与"其存在的目的"应当是配套出现的。出台一个规定，如果人们不知道为什么要遵守，就有可能对自由造成不必要的限制。

因此，如果有人跟你说"这是规定"，那你必须先确认一下这是基于什么目的的规定。假设经过确认后，你发现"为了该目的，这项规定没有什么必要"，根据情况可以选择不遵守它。

以上是我为虎型人和猫型人特别推荐的"与规则的相处之道"，也是为虎型人和猫型人提供的制定规则的有效方式，敬请参考。

▷四种动物型人的角色观

接下来，我们要讨论的是"角色观"。角色在这里代表"职务"。这四种动物型人对于他们自己在集体里担任的职务，分别有什么看法呢？如图 1-4 所示：

对统领团队的狮型人来说，领导者这一职务，便是他们所扮演的角色。他们的职务名称里一般有"总经理""总监"等带"总"字的头衔，是名副其实的领导者。

犬型人则仰望着闪闪发光的狮型人，为了更高的职位而努力。他们的言行举止通常会契合自己当下的职务头衔。比如，他们的话会根据立场的不同而改变，在营业部的时候他们可能说"B 比 A 重要"，但被调到管理部后，他们又会说"A 比 B 重要"。

而猫型人从骨子里对职位晋升就没有兴趣。他们不喜欢

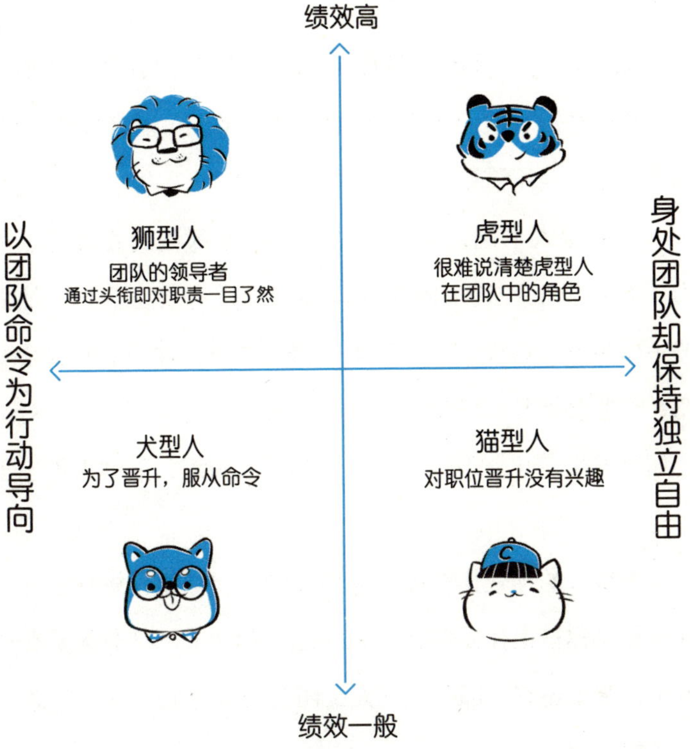

绩效高

狮型人
团队的领导者
通过头衔即对职责一目了然

虎型人
很难说清楚虎型人
在团队中的角色

以团队命令为行动导向

身处团队却保持独立自由

犬型人
为了晋升，服从命令

猫型人
对职位晋升没有兴趣

绩效一般

图1-4　四种动物型人的角色观

思考练习

1. 你的个人职业目标是什么？

2. 如果领导提出给你升职，你的第一反应是什么？

017

某些以升职为"诱饵"与员工做"交易"的领导。如果遇到这样的情况，他们往往会置之不理，甚至可能直接说："您别费心了，我不需要。"

与犬型人不同，猫型人即便从营业部调到管理部，因为"客户至上"这个内在的核心观念没有发生变化，他们的主张也不会改变。当然，由于岗位调整，他们的眼界会变宽、经验会增长，猫型人的思考方式也会得以更新，言行也会随之发生变化。但说到底，比起忠于组织，猫型人更忠于自己。

虎型人的绩效比较高，他们中的大多数担任管理职务，其职务名称里也往往带有"总"字，但也有一部分人是普通员工，甚至还有一部分虎型人，团队会为他们"量身定做"专属的头衔。

无论是哪一种情况，虎型人都有一个共同点：他们觉得做自我介绍很困难。因为他们常常做一些超越自己职务范围的事，仅凭"头衔"无法使人联想到他们真正的工作内容。因而，在与别人交换了名片后，即便花上2~3分钟的时间，虎型人也很难将自己介绍清楚，所以很多虎型人会跟别人说，自己不擅长做自我介绍。

而且，与犬型人不同，虎型人一般不会追求职位的晋升，也不会立志于晋升到某一个职位。即便没有什么头衔，只要是以现阶段的职位可以开展的工作，他们也都会率先行动起来。

因此，在虎型人身上，经常会出现"工作先行，头衔紧随其后"的情况。比如，"××事业开发部"还没有成立，虎型人就开始了相关的工作。过了一段时间后，公司才成立该部门，向虎型人发出调令。但是，不同于猫型人对岗位晋升毫无兴趣，虎型人为了实现自己的使命，在必要的情况下，他们也会努力争取某个职位。不过，在我看来，对虎型人来说，获得职位晋升并不是他们的目的，而是完成事业的一种手段。

通俗来讲，想要获得职位晋升的是犬型人，想要实现个人职业理想的是虎型人。

▶四种动物型人的成长观

接下来，我们要探讨的是四种动物型人对于成长的不同看法。这里的成长，指的是在团队中的职业晋升路线。如图1-5 所示：

狮型人是在正统的职业道路上前进的人。他们活跃在公司的主流业务部门，是那种在升职的赛道上勇往直前、不断获胜的人。有的时候，他们也会扮演为别人铺路的角色。

而犬型人虽然追随着狮型人的脚步，但他们往往只在已经设定好的路线上奔跑。遇到岔道口的时候，他们通常会选择社会评价较高且不易失败的路线。并且，在犬型人看来，一旦脱离了轨道，"游戏"就结束了，所以当他们感觉自己快要偏离轨道的时候，就会拼尽全力紧紧抓住它。

虽然犬型人忠诚于团队，服从领导的命令，梦想着有一

绩效高

狮型人
晋升即王道

虎型人
在没有晋升轨道的地方也可以自由驰骋

以团队命令为行动导向 ← → 身处团队却保持独立自由

犬型人
偏离了晋升轨道，前途就渺茫了，所以要抓牢轨道

猫型人
对晋升没有兴趣，认识到即便偏离轨道也无所谓

绩效一般

图1-5　四种动物型人的成长观

思考练习

1. 你的职场晋升之路顺畅吗？

2. 如果你偏离了预定的晋升轨道，你会怎么办？

天可以到达狮型人所处的位置，但是近几年这种晋升线路似乎发生了一些变化。

一个在大企业工作的人曾对我说："过去，一个人只要可以进入某个领导的派系中，听从他的命令，无论个人能力如何，职位都会得到晋升……但是现在，因为很多公司的整体业务规模缩小了，可以晋升的岗位也变少了。"

的确，现如今一个人对"派系"所做出的贡献不像以往那么受到重视，"牺牲自我，忍受当下，终会得到回报"的成功模式已然成为过去时。那条传统的晋升之路，前方已经很拥堵了，甚至轨道不知何时会中途断裂，这都是有可能发生的。

换个角度来想，那些优秀的、从未有过挫折经历的人，现在也许会更强烈地感受到对偏离轨道的恐惧。

看着自己身旁的犬型人沿着轨道奋力前行的身影，猫型人依然保持着自己的步伐节奏，他们心里想的是"我对晋升之路可没兴趣""脱离了轨道也无所谓"。因为猫型人曾经偏离过轨道，或者曾主动从轨道上走下来过，这些经验帮助他们意识到：没有必要紧紧抓住轨道不放。

当猫型人达到了虎型人的境界时，他们的思路也会因此拓宽，会产生这样的想法："脱离了轨道还有马路可以走，只需要买一辆汽车，在没有轨道的地方，也可以自由前行!""如果不局限于轨道,甚至可以乘船下海,乘飞机上天!"也正是这样的心态,让虎型人即便脱离了固定轨迹,依然保持乐观,不会受到什么影响。

▷四种动物型人的失败观

最后，我想探讨的是四种动物型人对失败的不同理解。如图 1-6 所示：

对犬型人来说，失败是要极力避免的事情。因为他们忠诚于团队，如果失败了，犬型人会觉得自己辜负了团队的期望。另外，他们努力工作就是为了得到上司的表扬，避免被训斥，而且他们害怕偏离轨道，所以总是会极力避免失败。

因此，如果犬型人所在的团队或者他们的上司习惯对员工的失败给予负面评价的话，犬型人在开始某项工作之前，往往会要求对方给出具体的指令。因为按照指令执行，就算失败了，也可以把责任推给下达指令的那个人。

有的时候，即使领导让犬型人自己想方案，他们也还是会把自己想到的方案拿去找领导确认，以获得批准。这样一

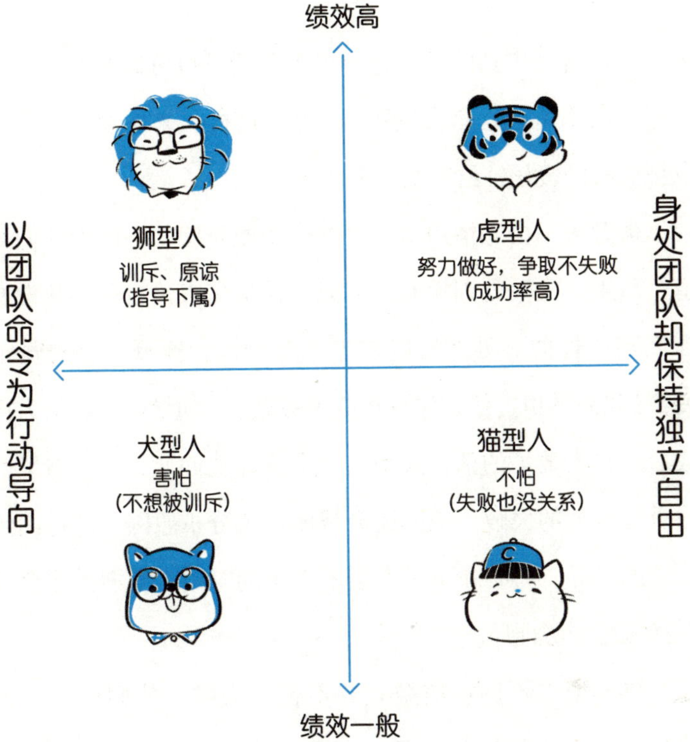

绩效高

狮型人
训斥、原谅
(指导下属)

虎型人
努力做好,争取不失败
(成功率高)

以团队命令为行动导向 ← → 身处团队却保持独立自由

犬型人
害怕
(不想被训斥)

猫型人
不怕
(失败也没关系)

绩效一般

图1-6 四种动物型人的失败观

思考练习

1.如果你执行的某个项目失败了,你会有怎样的感受?

2.如果你执行的某个项目失败了,领导会如何处理?

来，一旦自己想到的方案进展得不顺利，也可以跟领导说："您之前不是说这个方案可以吗？"这样一来，犬型人就可以把失败的责任推给审批方案的人。

狮型人不会感情用事，也不会随便发脾气。因为他们知道，员工一失败就训斥对方，只会让员工害怕自己，并没有什么实质性的好处。所以在工作开始前，狮型人会对员工说："我来承担责任，你只管放手去做。"如果员工在努力挑战后还是失败了的话，狮型人也会原谅他们。并且，为了避免重复类似的失败，他们还会帮助员工分析原因，进行细致认真的指导。只有在员工态度不端正的时候，狮型人才会毫不犹豫地严厉训斥。

与犬型人不同，猫型人并不害怕失败。他们认为"失败只是暂时没有成功而已，只要坚持下去，终有一天会成功的"。

所以，当你想要鼓励犬型人进行挑战的时候，你要告诉他"失败了也没有关系"，这样容易收到较好的效果。由于猫型人本来就不害怕失败，要是对猫型人说同样的话，则会带来反向效果。所以，在猫型人开始挑战前，应该提醒他"你要认真考虑周全，别失败了"，这样猫型人才更容易取得成功。

就失败观而言，虎型人的特征是：虽然不害怕失败，但是会极力避免失败。正因为他们完全是按照自己的意愿和想法在工作，如果绩效太差导致工作无法顺利进行的话，就真的变成玩闹了，所以他们会边思考边行动，确保工作顺利进行。

但是即便虎型人重视绩效，也不会目光短浅地把眼前的一点成果当作最终的成功，所以他们会去很多地方调研，和客户聊工作以外的话题，接触一些和自己工作没有交集的人。如果有人把虎型人的这段"尚未成功的阶段"视为失败的话，我会反驳他们："这段时间并没有被浪费，而是一种重要的积累。"

这是因为，虎型人身上那些看似在浪费时间的行为，往往会为工作带来意想不到的进展，甚至能让平常无法完成的方案得以顺利推进。

▷四种动物型人的实际数量

我们了解四种动物型人的工作方式的差别，一直是通过矩阵图进行的，但从四种动物型人的实际数量这一角度出发，我觉得绘制成三角形图比较合适。因为在职场中这四种动物型人的实际数量不同，犬型人占多数，而领头的虎型人和狮型人数量比较少。再加上"犬型人仰望着狮型人，猫型人崇拜着虎型人"这个逻辑，我将图示做了更新，见图1-7。

需要说明一下，图中每一块区域的面积都不是精准的，只是靠我的大概印象设定的。我认为，在职场中左侧的狮型人和犬型人的数量较多，右侧的虎型人和猫型人是少数派。理由是，在很长一段时间里，企业都是靠着左侧的工作模式运行的，这种大环境培养出了很多狮型人和犬型人。

具体解释一下，在过去的经济高速增长期，日本依靠工

绩效高

经常被视为异类

狮型人　　虎型人

以团队命令为行动导向

身处团队却保持独立自由

犬型人　隐形猫型人　猫型人

隐形猫型人如果消失，这条分界线就移到了中央

绩效一般

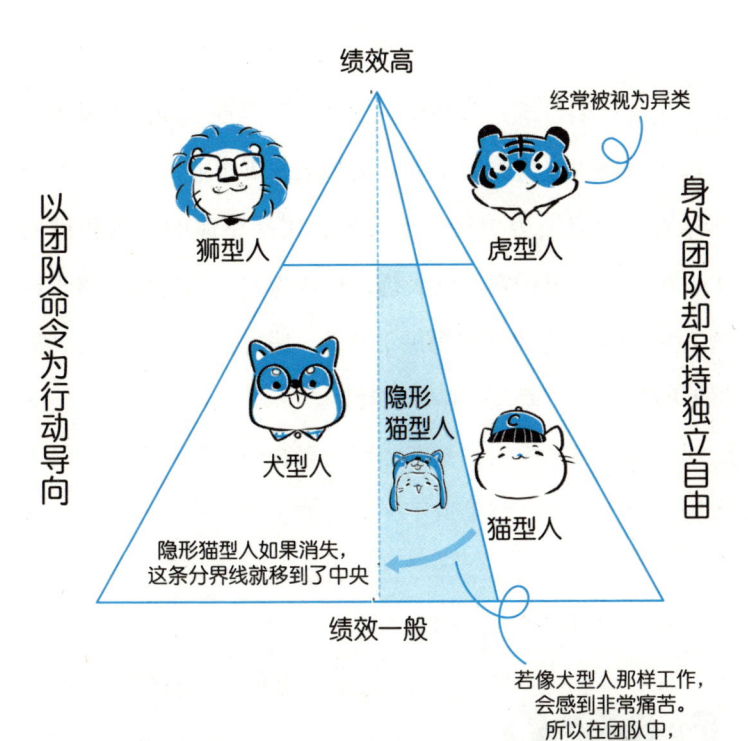

若像犬型人那样工作，会感到非常痛苦。所以在团队中，请先做回你自己。

图1-7 四种动物型人的实际数量

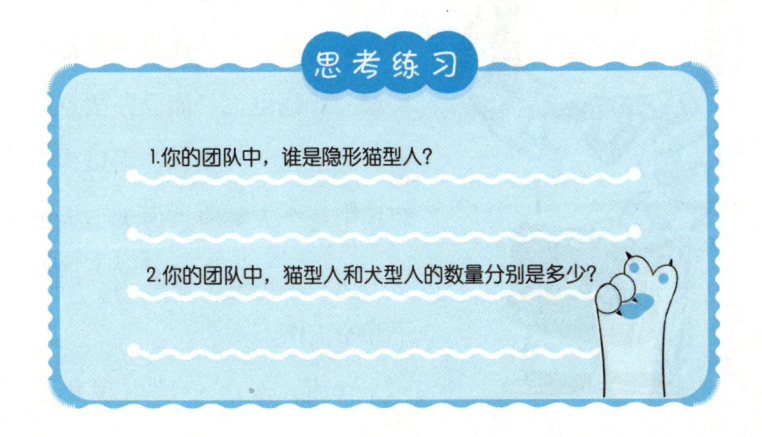

思考练习

1. 你的团队中，谁是隐形猫型人？

2. 你的团队中，猫型人和犬型人的数量分别是多少？

厂大量生产型号统一且高质量的产品，实现了经济的发展。在那段时间里，狮型人率领着犬型人拓展事业版图，人们安居乐业。而且，因为处于上升期，团队整体的氛围积极向上，员工个人也经常受到表扬，这就为"不怕失败，勇于挑战"的企业文化的形成提供了条件。因此，与现在相比，那段时间更适合犬型人生存和发展。

当然，那时应该也是有猫型人存在的，但是那个时候大家为了提高效率，都采取了犬型人的工作方式，所以，很多猫型人在职场中只能选择"披上犬型人的外衣"继续工作，这就是所谓的"隐形猫型人"。

由于那种状态长期持续，人们渐渐地形成一种共识——在公司上班，就应该采用犬型人的工作方式。即便他是"一只猫"，进入职场后，由于他身边全都是犬型人，他也很可能没办法意识到自己是"一只猫"，误以为在职场中每个人都应该像犬型人那样工作，于是也学着犬型人的样子开始工作。

然而，经济一旦出现负增

长,问题就会浮出水面。犬型人依靠以往的工作方法再也无法取得曾经那样高的绩效,他们受到的表扬开始变少,批评开始增多,日子也没有之前那么滋润了。

而"隐形猫型人"的内心就更煎熬了。他们本来就是勉强自己扮演犬型人的样子去工作,却得不到相应的回报,在工作中又经常感觉"难以理解领导的命令",很容易产生"不想再去上班了"这种消极心理。

目前,时代正在发生巨大的变化,经济高速增长期适用的工作模式已然过时。以狮型人和犬型人为代表的工作方式能够取得的绩效变低,社会需要人们创造出多种多样的新价值,这就使得虎型人和猫型人的工作方式日渐凸显其存在的意义。

由此,一直生活在"犬型群体"里的"隐形猫型人"的自我意识开始觉醒。但是,他们即使认识到自己是猫型人,对于释放天性,还是会有所顾虑,因为在"犬型群体"里表现得像猫型人的话,就会像童话故事里的丑小鸭一样被别人视为异类。

不过若你放眼周围,就会发现曾经被视为异类的虎型人,如今依然虎虎生威、精神饱满地活跃在各自的工作岗位上。所以,现在终于到了"隐形猫型人"从"犬型群体"里得以解放的时刻了。在本书中,我想大声对你说:"在团队中当一只猫,不也挺好吗?"

▶猫型程度自测表

读到这里，或许你会有一个疑问："自己究竟是猫型人，还是犬型人呢？"

为此，我制作了一个自测表，这个表可以帮你找到答案。

那么，就请在表 1-1 内，圈出你觉得与自己性格相符的选项吧。

如果 10 个选项都相符的话，那么你要注意了！你在职场中肯定已经被视为异类了。请继续在猫型人的道路上前进吧。

如果 10 个选项中，仅有几项与你相符，那么你也要注意了！因为这 10 项，但凡有一项符合，而你按照现在的工作方式继续下去，压抑久了都有可能不利于身心健康。倘若你能够意识到,"像猫型人那样工作也未尝不可""职场中还可以选择当一只猫",仅凭这一点就可以为你的心理健康带来正向影响。

如果10个选项中,没有一项与你相符,那就请继续沿着犬型人的道路前行吧。这本书可以作为你了解猫型人的参考。

顺便说一下,在这10个选项中,最值得注意的是最后一项——"不喜欢被人施加同调压力[1],也不喜欢给别人施加这种压力"。其实不论是猫型人还是犬型人,都讨厌被人施加这种压力,但是当自己站到领导的位置上时,二者的反应却截然不同。猫型人觉得依靠同调压力来调动属下,会很不舒服。"重视团队利益"的犬型人则相反,他们虽曾抱怨上级给自己施加了同调压力,但是轮到他们自己来管理团队的时候,却还是会沿用同样的方法。

我要再次强调一下,犬型人和猫型人只是两种类型,并不意味着哪一种更优秀。

---

[1] 同调压力是指在一个集体中,无论是想法还是行动,少数人都应该自觉地和多数人保持一致,否则就会被视为不合群或者协调性差,从而遭到排挤或孤立。

但不可否认的是，由于时代的变化，在过去不受好评、难以大显身手的虎型人和猫型人的生存发展空间变得越来越大。在这样的背景下，我希望通过本书，帮助大家拓展在职场中的生存思路。

如图1-7所示，我用虚线画出了一条中心线。它意味着，"隐形猫型人"如果显现出其猫型人属性，那么猫型人和犬型人的数量应该各占一半，是平衡的状态。

而且，如果今后团队中猫型人的数量得以增加的话，团队中的虎型人作为猫型人的进化演变类型，也将较以往更受关注。随之，就会出现不同于狮型人的领导风格。

那这具体是一种什么样的风格呢？我们一起去看看现实生活中，虎型人的工作方式吧。

表1-1 "猫型程度"自测表

如果你觉得与自己相符,请在括号内画"√":

【　】① "工作是一种苦役,工资是忍耐费",这种言论让你感觉郁闷。
【　】② 不愿意做对客户没有价值的工作。
【　】③ 即便是职务范围之外(和KPI——关键绩效指标没有直接关系)的事情,你认为有必要的话,也会去做。
【　】④ 如果上级的某个命令违背了你的信念,你会选择对该命令置之不理。
【　】⑤ 你对职务头衔或者岗位晋升不太感兴趣。
【　】⑥ 如果让你长期从事发挥不了自己才能,或者不适合自己的工作,你会无法接受。
【　】⑦ 那些努力做到公司高层的人,他们的经历并不会激励到你。
【　】⑧ 你不怕失败,认为即便可能受到指责非议也要敢于挑战。
【　】⑨ 你不善于融入群体。
【　】⑩ 你不喜欢被人施加同调压力,也不喜欢给别人施加这种压力。

第2章

在团队中出色地自由工作

虎型人的工作方式

▷做应该做的事，不被头衔所困

虎型人的工作方式
经常做一些超出自己职责范围的工作，因此很难介绍清楚他们实际的工作内容。

一天，藤野先生联络我："我在冲绳结识了一位特别厉害的虎型人。下次介绍给你认识。"那个人就是银行职员伊礼先生。

伊礼先生是琉球银行宣传部门的负责人，他制作了冲绳银行业的首支电视广告。该广告是一部原创动画，一经播放便好评如潮。琉球银行的吉祥物（琉银）也在其中闪亮登场。由于该广告极具冲击力，人们难以相信它是一支银行广告。

随后，琉球银行高层表示要制作一个面向内部员工的视频，以提高大家的工作积极性。伊礼先生制作完成后，这个视频在客户层面也进行了公开播放，还获得了ACC（全日本广告放送联盟）颁发的铜牌。从企划到编导，视频制作的整个流程都是他自学的，每个执行步骤都有他的参与。他还跟我分享了自己经手的另外两个项目：

"我们行长提出要消除企业内的信息差，我就给2000名员工全都配了iPhone，上到董事下到临时工，并且导入了Facebook公司开发的企业内社交软件Workplace。听说这在银行业还是首例。利用这个软件，大家可以看到行长的直播，也可以自己组建兴趣小组。

"3年前，我还创立了一个琉球银行的粉丝网站，会员遍布全日本，从北海道到冲绳约有40000人。我们吉祥物的名字也是在粉丝网站征集大家的意见后选定的。"

听到这里，我不禁感叹："真是越来越搞不懂您的工作了。"

于是伊礼先生跟我分享了他对工作的看法：

"虽然我做的一部分工作并不在我所处的宣传部门的职责范围内，但倘若我发现了某些有必要做却没人做的工作，那我就会动手去做。工作本来不就是这么回事吗？如果你拓宽视野，去思考如何促进企业的品牌建设，就会发现很多需要做的新业务。所以连我自己都没办法用一两句话把自己的工作内容介绍清楚。"

▶两秒内就回复,成功率高达七成

> **虎型人的工作方式**
> 要想兼顾速度和成功率,就要不断磨炼自己。

伊礼先生回复信息的速度可谓神速。他收到邮件后,两秒内就会回复。

当时我给他发面谈邀请,他也是秒回:"我虽没细看您的邮件,但是我同意。很期待!"他竟然连内容都没看,就同意了!

"我一直很看重效率。见了面,就可以建立起信赖关系,所以不需要通过邮件了解详细情况,也可以马上答应邀约。"

"我们在选用企业内部使用的社交软件的时候,起初跟一家公司已经谈得差不多了,但一个偶然的机会,我联系上了 Facebook 公司,与他们的新加坡区域负责人通了电话后,我当即决定:就选这家了!然后便向行长汇报,得到批复后就立刻回复 Facebook 可以签约了,他们收到了我的消息后,非常惊讶:30 分钟就决定了,真是神速啊!"

"伊礼先生如此高效地推进工作,您做的企划方案成功率是几成呢?这一点我非常想知道。"我问道。

"因为我经手的都是一些涉及范围比较广、影响比较大的企划,大多数方案要求必须成功。整体成功率要达到七成以上才说得过去。因此,我也在努力寻找让企划万无一失、绝对成功的方法。以棒球的命中率做对比,现在应该是职业运动员铃木一朗[①]的 2 倍,已经算很高的了。"

伊礼先生的命中率竟然有七成之高!

团队里的四类员工中,犬型人害怕失败对自己影响不好,往往不敢挑战;猫型人不怕失败、勇于尝试,但能力有限,多少会失败几次;虎型人虽不怕失败,但为了避免失败,他们会提前调研,认真思考后再行动;狮型人作为领

[①] 铃木一朗是日本传奇棒球运动员,是日本体育界的旗帜性人物,在日本拥有很高的国民度。

导，会给员工营造一种"一旦失败，就会失去人心"的团队氛围。

我向伊礼先生请教他是如何避免失败的，他告诉我：

"我经常和客户打交道，在与公司外部人员接触的过程中，也学习到很多东西，这给我带来了一定的自信。所以，我无论做什么事都比较淡定从容。当然我也有失败的时候，失败了就如实汇报，坦诚非常重要。"

▶创造惊喜，给人带来欢乐

> **虎型人的工作方式**
> 时刻不忘给他人带去欢乐。

要想知道伊礼先生对待工作为何会有这样的理念，就要先了解他幼年时期是一个怎样的孩子。

"记得小学的时候，有一次我无意间说出一句话，逗得同学哈哈大笑，由此我便喜欢上逗笑别人。长大后，我也一直想着怎么能让别人开心。人在露出笑容的那个瞬间，一定是获得了某种惊喜。所以我对自己的工作定位是制造惊喜、给他人带去欢乐。"

"在银行上班，如何能给别人制造惊喜、带去欢乐呢？"

"在银行工作很容易制造反差感。因为一提到银行职员，人们脑海中就会立刻浮现出刻板无趣的形象，所以我稍微做一点出格的事，就会让人感到惊讶、有趣。"

"原来如此，先了解对方的预期有多高，再做一些超出他们预期的事情，这样就可以制造惊喜了。"我恍然大悟。

"给他人带去惊喜和欢乐这一理念，同样有助于粉丝网站的运营。虽然我们银行现在的吉祥物很受欢迎，但其实最初的设计备受粉丝批评。

"之后，我们想借助粉丝的力量，优化吉祥物的设计，于是聘用了擅长绘画的粉丝进行再次创作。庆幸的是，最终的创作结果得到了广泛认可。大家都说仅用半年时间能够改进这么多，非常了不起，甚至有的海外网站对该设计也进行了转载。"

这番话让我明白了，为什么一个地方银行的粉丝网站成员可以遍布全国，并且人数高达40000人。其重点就是要多给粉丝一些参与的机会，为他们制造惊喜，这样能增强粉丝会的吸引力，从而吸引更多人加入。

不管怎么说，银行的吉祥物在粉丝网站上从差评不断到被疯狂点赞，这样的事情还真是稀奇，闻所未闻。

▷敢于选择看似低效的非常规方法

虎型人的工作方式
亲力亲为，深入一线调研，了解项目细节，也能统筹全局。

一天，藤野先生邀请我参加一个活动，他说在那儿会遇到很多有趣的人。于是，在那里我结识了齐藤先生。他供职于一家大型研究咨询机构，该机构正是这次活动的主办方。

齐藤先生曾给自己定下一个目标——建立一个由 100 位创新型企业家组成的关系网。创新型企业家指的是从全新的切入点开辟新事业，勇于挑战，为解决日本的社会问题做出贡献的人。为了实现这一目标，他历时 3 年，亲自走访了 100 位企业家。

"我知道他们分散在全国各地,一个一个地去拜访一定非常辛苦。为什么要选择这样的方式呢?不会是太闲了吧?"我问他。

"我并不是单纯地想见一见这些人,而是想和他们成为商场上的朋友,一个一个地走访这种方式确实有点过时,但能更深入地了解他们每一个人。

"虽然很长时间以来,我的职业身份是研究咨询机构的研究员兼顾问,但是我一直不认可那种坐在办公室里分析社会问题、居高临下地提出策略的工作方式。因此,为了与这100位企业家进行实质性的对话,我要求自己必须亲自到现场,去发现有趣的地方,以便可以进行深入的采访。"

"原来如此,您并不认同别人一直以来采用的工作方法。"我忍不住感慨。

"另外,我还决定由我一个人包揽与这100位创新型企业家会面的任务。这样的会面需要有一个人统筹全局,如果由几个人分担会面任务的话,效率确实会比较高,但是这样就没有任何一个人能了解全貌,因而很难做出深刻的分析,也无法形成真正意义上的关系网。"

此外,我还发现齐藤先生主办的那次活动中,聚集的人普遍有很高的热情,户外运动品牌"雪峰"的掌舵人山井太先生也作为创新型企业家参与其中。可以说,那是一个由虎型人和猫型人组成的创业者联盟。

▶ **工作不是做加法，而是做减法**

> **虎型人的工作方式**
> 一边从经验中学习，一边舍弃学到的经验。

大多数人都很看重通过工作积累起来的东西，但也有人观点不同。齐藤先生有一次问我："您听过竹原和生的 *Old Rookie*（《老菜鸟》）这首歌吗？从歌词上看，这简直就是一首虎型人之歌。"

这首歌的歌词是什么呢？

靠曾经积累的经验去斗争，赢不了；
与曾经积累的经验做斗争，才能赢。

049

齐藤先生说："人到了一定的年纪，往往容易依赖自己过去的经验，而这句歌词则提出了一个反命题。它告诉我们，仅依靠曾经的经验无法在社会上取胜，这令我恍然大悟。"

"齐藤先生的话很像冈本太郎先生说过的一句话：'人们都认为人生是在做加法，我却认为应该做减法。'"我说道。

"我觉得团队中的虎型人有很多'老菜鸟'的特质。他们虽然到了一定的年纪，并且有相应的经验，但是还能够下定决心从零开始新的事业。当然，在这个过程中，一定会经历失败，受到批评、轻视、嘲笑等，但他们绝不会顾影自怜，在社交媒体上咆哮，发泄情绪。这一点就是他们与年轻新人的不同之处。"

"也就是说，即使在工作中没有人认可、没有人协助，大龄新人也不会半夜在社交媒体上发布动态，说出'就没一个人能懂我！'这种话。

"我承认，在体力为王的体育赛场上，年轻的选手绝对占优势，但是在商界，最迷人的应该是那些'老菜鸟'。当一个有经验的人以新人的心态从零开始学习时，他一定非常吸引人。"

▷让脑海中闪现的画面变成现实

> **虎型人的工作方式**
> 时刻思考"做成"一件事的方法,而不是"做不成"这件事的理由。

我在前文中提到,虎型人的特征之一是"身处团队核心,却能自由地工作"。如果哪位读者朋友认为"公务员无法自由地工作",那么下面我介绍的一位公务员中的虎型人——县政府[①]职员都竹先生可能会改变你的看法。

我和都竹先生一起工作过,因为我们两人的单位(岐阜县政府和乐天市场)曾经进行过一次合作。接下来,让我们通过都竹先生的自我介绍,了解一下两个单位是如何开始合作的。

---

① 日本的县政府相当于中国的省级行政机构。

"我入职县政府后,负责过税务工作,也被外派过,还当过知事①秘书。但是在从事政策规划工作之后,我开始认识到自己的职业生涯不能再这样下去。我不想让自己的工作局限在县政府内部事务的协调上,而是希望做一些与民众生活和中小企业息息相关的一线工作。想要与他人一起联手做一些实际的事情,这种想法随着时间的推移越发强烈。

"有一天,宣传科的人告诉我,'乐天市场的人打来电话,问我们要不要召开一个网店运营研讨会'。听到这个消息的瞬间,我就认定这绝对是一个有趣的企划。

"于是,我马上请乐天市场的人过来,阅览他们的资料,上面写着埼玉县和宫城县已经与乐天市场签订了合作协议。看到这个信息,我的脑海中立刻浮现出一个画面——三木谷社长和我们的知事握手,宣布合作。我热切地希望这个画面能成为现实。"

"后来,这就真的变成了现实,对吧?"我知道事情向着他的计划发展了。

"没错,两个半月后,这个画面真的实现了。乐天市场对于我们的效率表示非常惊讶,反馈说从来没遇到过进展这么快的地方行政机构。但当谈到签订仪式在哪里举办的时

---

① 知事在日本相当于中国省长级别的行政职务。

候，对方告诉我三木谷社长太忙了，去不了外地。'那就让我们的知事去一趟东京吧。即使社长再忙，30分钟左右的时间还是能抽出来的吧。'我跟他们这样提议。

"因为我做过知事的秘书，所以对于如何协调知事出差去东京的时间，还是驾轻就熟的。我先是联系了秘书科，让他们协调日程，然后直接向知事做了请示，他爽快地答应了。

"签订仪式当天，我们的知事到达乐天市场总部后，三木谷社长不好意思地对他说：'让您亲临敝公司，非常过意不去。'我提前邀请了媒体参加签订仪式，第二天这个新闻就登上了报纸。"

▷没有预算也要行动

虎型人的工作方式
深入一线现场,观察每一个鲜活的人,想到有价值的创意,就立刻付诸行动,让创意生根发芽。

在脑海中畅想"画面",并把它变成现实,具体应该怎么做呢?让我们来听一听都竹先生的建议。

"不了解基层,坐在办公室里纸上谈兵,脑海中是绝对不会浮现出什么画面的。所以,我们应该走出去,和不同行业、不同身份的人多多交流,去看看基层的真实面貌,这种积累非常重要。当然,脑海中浮现了画面之后,想办法实现这个画面也至关重要。"

"对于地方行政机构的工作方式,人们的普遍印象是:

先制订周密的计划和预算，然后严格按照计划和预算推进。但是都竹先生似乎不是这样做的，对吧？"我问道。

"我正好相反，我不是制订好计划再行动，而是一边行动一边了解攻关难度并解决问题。就拿这次与乐天市场的合作来说，由于是年中才确定的项目，并没有预算，但我在县政府里发现了一些用不完的预算。刚好我们也有正式的'预算挪用'或'再分配'的程序，但我采用的方式是，发现某个部门手头有用不完的预算，就写报告申请将其用于我负责的这项事务，对方一般会表示他们也很高兴有人愿意接手这笔预算。

"就这样，我一边解决资金问题，一边和乐天市场合作策划网店运营研讨会。我只向他们提了一个要求，就是希望听一听网店店主真实的声音。

"果然，有一位网店店主谈到的内容非常有趣，给了我很大的启发。网店不单单是一个销售商品的渠道，更为客户提供了新的价值，是许多人的努力的集成。对于这一观点，我非常认可。店主的这番话坚定了我实施这一企划的决心。"

"原来如此，在基层进行的调研，给了您新的启发。"我总结道。

"没错，后来，我们又决定举办全国首个面向海外的物产博览会。为了博览会的顺利召开，我们提前召开了一个学习研讨会。在会上，我们安排了一个破冰活动——给店主们5分钟的时间互相交换名片。结果现场气氛十分热烈，5分钟根本不够。这一幕又给了我一个新的启发：原来这些店主都很希望与同行进行交流啊。

"于是，一个月之后，我成立了一个名为'岐阜县网店店主俱乐部'的社团。为什么能这么快成立呢？因为这完全不需要花钱。我们使用了县政府的会议室作为会场，所以场地费为0元。而且，我请商工会议所和工商会帮忙发布了通知，所以宣传费也是0元。"

▷ 把"业余"变成你的一个强项

虎型人的工作方式
活用自己作为外行人所具备的优势,做业内专家们不曾做过的"乘法",创造新的价值。

和我关系很好的一位网店店主说,要给我介绍一个有趣的人,于是他把我带去了一个饭局,在那里我结识了和自己意气相投的万丈先生。他是一家大型房地产门户网站的企业内部智囊团成员。

2015 年,万丈先生撰写的一篇报告在业内受到广泛关注,题目是《感官城市——用身体感受城市:感官城市排名》。这篇报告的内容是什么,又是如何撰写出来的呢?

"选定'感官城市'这一主题,正值东京为了迎接奥运会，城市再开发项目如火如荼地进行之际，到处都是外观相似的高楼大厦。由此我发现了一个课题：再这样下去，街区就会变得很单调。

"我虽对住宅略有了解，以城市为主题进行研究还是第一次，可以说是个门外汉。所以，我首先阅读了市面上有关城市论的书籍。关于这方面的内容，大众已经比较了解了，谁都能侃侃而谈，发表一些见解。我若还是以此为视角进行探讨，也只不过是在已有的研究基础上做'加法'，没什么意思。

"而且我是文科出身，没有工科的相关知识。因此，我决定以'现今的城市再开发缺乏感情'为切入点进行探讨，这应该是理性的工科生不会选用的视角，属于市场营销的领域。"

"确实如此，万丈先生之后开发的测量城市感官指数的调查表中，包括'是否曾在工作日的中午在当地的餐馆喝酒''是否吃过用当地食材制作的佳肴''是否经常能听到在街边玩耍的孩子们的笑声'这样的问题，十分有趣。"我接着他的话回应道。

"感觉是难以量化的，而我想要测量感觉，这着实是一项挑战。'一个城市是否舒适宜居，有多么舒适宜居'是主观性很强的问题，且随时可能发生变化。即便住在同一个地方，你也很有可能今天感觉舒适，明天就感觉不舒适了。

"因此，我开发了一个测量行为的调查表。例如，针对'你是否在路边接过吻？'这样的问题，请受访者用'是'或'否'来作答，也就是说，不直接调查感情，而是调查能够反映感情的行为。询问受访者是否有过某种行为，得到的答案可以作为客观的事实数据来处理，具有一定的可行性。

"最终，我开发的这个调查表得到了业内的认可，还被编辑成书，出版发行。"

▷尽量做契约社员 ①

虎型人的工作方式
希望与公司保持平等的关系,更愿意做契约社员。

听说万丈先生在上一家公司也是企业内部智囊团成员,工作内容同样是撰写报告。那为什么他会选择离职呢?

"上一家公司起初允许我们自由地调研、撰写报告,那个时候工作起来还挺有意思。但从某个节点开始,公司的经营方针发生了变化。而我一直把报告的品质视为自己的生命,倘若逼着我写一些无聊的报告,无论是我自己还是公司

---

① 契约社员是有合同期限的社员,通常期限为1~3年,一般情况下比正社员的薪资要高。

都将面临穷途末路,所以我就提出了辞职。

"离职后,我在社交媒体上更新了状态:'我变成无业游民了。'有个朋友看到后就问我:'你要不要考虑来我们公司?'他一直比较认可我的报告,就这样经他介绍,我来到了现在这家公司。"

"您在现在的公司不是正社员[①],对吧?"我问道。

"我故意签订了只有1年期限的劳动合同,选择做契约社员。我觉得这样比较适合自己。我认为,人到了一定年纪,积累了一定的工作经验后,相较于跟公司签订长期合同,签订为期3年的短期合同,或者做一个自由职业者,更加适合我这样的人。和公司保持平等的关系,也许是虎型人生存发展的一个必要条件。"

"我明白您的想法。我也曾与职业足球俱乐部签订过契约社员的劳务合同。其本质就是我作为个体户,与公司签约,接受业务委托。采用'契约社员'这个说法,心理上更容易接受,同时也会有紧张感。"

"这种形式很好,如果把职业运动员的合约体系导入企业,会很有意思。虽然我的合同是一年一签,但是我们双方都有长期合作的意向,因此我不敢松懈,必须创作出优质的

[①] 正社员是终身雇佣制的社员,签订的是终身劳动合同,好处是工作相对稳定,无论是否在工作,都有固定的收入。

报告。"

　　由于虎型人经常做一些职责范围外的工作，可能有时得不到公司内部的认可，但是他们在公司外部收获的好评，也会提升其在公司内部的好评度。

　　企业职员如果把自己的劳动合同想象成是一年一签的话，那么工作方式可能会有所变化。

▶拓展社交圈，随时招兵买马

> **虎型人的工作方式**
> 　　初入江湖时，大胆尝试尽全力；投石问路间，独树一帜立标杆。

把我带入虎型人世界的藤野先生和坂崎先生在向我推荐这位女士时，曾异口同声地说："她绝对是虎型人。"这个人就是东证一部（东京证券交易所市场一部）上市公司的前董事——我堂女士。

我堂女士并没有大众眼中华丽的履历，而是扎扎实实地从底层摸爬滚打，最终成为上市公司中最年轻的女董事。她跟我分享了自己的经历。

"我跳槽到这家公司后，负责的第一件事就是制作有价证券报告书。因为上一任会计离职了,而公司内部又没有其他人做过这项业务,我之前也没有学过记账,情急之下就先给审计机构打了电话。

"可是,对方讲的话我真是完全听不懂,我甚至直接提出了类似'请告诉我你说的在《审计法》中的哪一页'这种请求。但就是靠着这样一点一点地摸索,总算是做完了。虽然那时的薪资体系是固定工资加奖金,但我发现这个岗位只需要完成月度和年度结算,其他时间做什么都可以。"

"也就是说,只要完成了任务,剩下的时间都可以自由支配,那么做结算需要多长时间呢?"我问道。

"会计工作中最花时间的是与销售部门对接的部分,如果我熟悉销售的情况,其实只需集中5天时间即可完成任务。当时我们的主营业务是向零售商派遣手机的销售人员,所以我就立刻开始跑手机店铺。

"先是跟店长、店员聊一聊,搞好关系,接着和通信运营商、销售代理商的负责人熟络起来,后来和部长级的人也能说上话了。我虽然滴酒不沾,但他们有什么酒局都会叫上我。在这个过程中,我对客户的需求有了更深入的了解,我们的劳务派遣工作也变得更加顺利。同时,我的月度结算真的能在5天内完成了。"

"听说招聘的方式也在变化,是吗?"我追问道。

"都说现在劳务派遣行业因为缺人而非常难做,但我们公司没这方面的困扰。去年轻人多的酒吧发发名片,很容易就能招来几个人。"

我堂女士的种种举动,完全不像大家传统印象中的上市公司高管。真可谓不拘一格。

▷共享缘由,激发共鸣

虎型人的工作方式

通过情景体验,促进觉悟提高;搭建对话平台,激发团队共鸣。

我在浏览畅销书作家守屋淳先生[1]的社交账号时,发现了一个很有趣的人,他自创了一款可以学习孙子兵法的游戏。后来,机缘巧合,经人介绍认识了这位有趣的航空自卫队自卫官——伊藤先生。

伊藤先生读过市面上几乎所有与孙子兵法相关的书籍(约1000册),且藏书达8000册之多,是一位博闻强识之士。

---

[1] 守屋淳先生是日本著名的中国古籍研究者,著有《最好的战略教科书:孙子兵法》等书。

我问他:"您创制孙子兵法游戏的初衷是什么呢?"

"我在航空研究中心工作的时候,发现了一个课题,那就是如何能让肩负未来重任的年轻干部,在深入阅读经典的同时,激发学习战略战术、战略思想的动力。

"正好那段时间,航空自卫队干部学校的学生们,请我教授他们地缘政治学和战略战术等方面的知识,我就在课外时间开课了。一开始,是以课本内容讲授和课堂讨论的形式为主,但是我认为,学生不亲身体验的话,很难加深理解。

"因此我就想到,如果有一款寓教于乐的对战类游戏,学生就能身临其境,切身感受到自己在哪个知识点上栽跟头了,哪一部分内容自己不太理解。结果证明,让他们在游戏中实战演练,确实有助于更快地吸收知识。"

"也就是说,唯有切身体验过,才能更透彻地理解事情的缘由。"我回应道。

"充分理解做某件事的缘由,有助于在状况发生变化时,做出迅速的反应。如果团队高层能有效地传达这个缘由,形成群体共识的话,基层就能够自己思考作战方案。为此,战略设计环节非常重要。

"我对战略设计的定义是'瞬间认清状况,发现问题,并制订解决问题的大致方案'。战略设计活动应当由领导和员工共同进行,这样有利于激发共鸣型的对话,进而创造新的价值。提升团队整体的对话沟通能力，而非辩论能力，这也是我创制孙子兵法游戏的目的之一。"

归根结底，创作游戏的目的是建立一个不依赖指令，能够独立思考、自主行动的团队。顺便说一下，他创作的这款游戏很费脑子，但非常有趣。

▷明确自己的价值,并准确地传达给对方

> **虎型人的工作方式**
> 不必刻意搭建人脉;真诚待人,用心做事;你若芬芳,蝴蝶自来。

一次,与一群志同道合的朋友喝酒时,我结识了渡边先生。他供职于一家商学院运营公司。渡边先生曾凭一己之力发起了"G1峰会"——一个面向商界领袖的会议。

我在浏览渡边先生的社交账号时,发现评论区里都是赫赫有名的企业家。

我向他请教:"您认为在建立这些人脉的过程中,需要注意的是什么?"

"我几乎没有刻意地去搭建过人脉,九成都是朋友介

绍认识的，比如来参加活动的朋友，会顺便带上他认识的朋友。

"在建立人脉的过程中，我会深入思考自己能给对方带来什么价值，这听起来微不足道，却至关重要。不能一味地恳求对方来参加 G1 峰会，而是要让对方感受到某种价值或意义而愿意来。因为大家都很忙，如果看不到价值是不会来的，而这个价值也不是体现在金钱方面的。

"比如，要提前做好充分的准备工作，以便向对方阐明为什么邀请他以这一主题上台演讲。为此，你不仅要通读对方的著作，还要深入理解其作品阐述的内容，直到能够把关键信息用自己的语言表达出来，并在和对方交流时展现出来。

"另外，还有一点很关键，就是收到信息后秒回。虽然这可能有点耍小聪明的感觉，比方说，23 点 45 分收到的信息，2 分钟之后我就会回复。"

"不不不，这不是要小聪明，基本上虎型人收到信息都会秒回。"我回应道。

"如果对方特别忙的话，快速而简短的邮件，回复率会更高。我这么做不是因为领导的吩咐，也并非基于一种义务感，而是因为我赌上了自己的人生，赌上了我这个人，所以自然而然就这么做了。但如果一直这样做的话，就会有人在背后议论'那个人是不是太卷了[①]',容易被排斥。"

在我看来,虎型管理者虽都谦虚有礼,但他们中的大多数都不喜欢流于表面的客套。当第一次见面的人说"承蒙您的关照"的时候,虎型管理者心里就会想"我才没关照过你,这个人不走心"。对于这种表面的客套,他们的嗅觉很敏锐。

[①] "太卷了"是网络流行语,意思是在竞争激烈的情况下,暗自努力,什么都要做到最好,以期超过别人。

▶职务不是"岿然不动的山",而是"流动的河"

> **虎型人的工作方式**
> 职务与头衔,都是烟尘浮云;彻底解决问题,才是工作的意义。

我的一个朋友经营着一家特别的公司,公司里的全体员工竟然都有副业。一天,这个朋友带我参加了一个活动,在那里我结识了流乡小姐,她的名片上印着一个神秘的头衔——临时总经理。

流乡小姐所任职公司的业务竟然是"利用果蝇幼虫来解决世界粮食问题",这样的尖端科技,我这个外行人真是越听越觉得神秘。不管怎么样,我还是很想了解一下"临时总经理"的"临时"是什么意思。

"我原来是做宣传工作的,之前任职的公司参与了这家果蝇公司的策划,我作为执行董事负责宣传工作。有一天,这家公司突然跟我说'希望你能来当总经理'。我很惊讶,仔细一问才知道,他们公司正在招募总经理、运营总监、财务总监等管理人才,在招募期间,希望我作为他们公司的代表出席一些活动。

"我推辞说'即便如此,我也不是当总经理的料啊',然后有个人就说'那就担任临时总经理吧',他还表示'史蒂夫·乔布斯也有过当临时总经理的经历'。说着说着,我就变成临时总经理了。公司当时也是想利用'女性崛起'这个时代思潮,这算是一种企业形象战略吧。"

"20多岁的女性成为临时总经理,确实充满话题性。另外,听说您从事宣传工作的契机也很特别,对吧?"我问道。

"在第一家公司,我最开始做的是销售,但业绩差到连我自己都吃惊。我这个人比较呆笨,心想:'像我这种人上电视、上报纸,说的话应该更容易让人相信吧。'有了这个想法,我就直接跟经理申请,希望能让我去做宣传工作。

"于是,我被调去了宣传部,学习了相关知识,之后在《日经新闻(大阪版)》上发布了首篇新闻通稿,引发了很好的反响。经此一事,我意识到,优秀的公关战略策划可以赢得公众的关注和支持，从那以后我越发觉得工作有趣了。"

我深表认同："职务不是我们要去攀爬的高山，而是像河水一样，奔流不息，不断变化，是这种感觉，对吗？"

"完全正确。我现在的任务就是在最短的时间内卸任临时总经理一职。当我组建了能够应对全球化挑战的最强阵容时，我的任务也就完成了。"之后，流乡小姐变成了"非临时总经理"，并在完成了使命后顺利卸任。

▶为了 80 年后的美好世界而工作

> **虎型人的工作方式**
> 下班后要跟孩子说:"爸爸妈妈今天工作得很开心,好期待明天的工作啊。"

流乡女士是两个孩子的妈妈。

我问她:"当各种各样的工作机会摆在你面前时,你是否有一个选择的标准呢?"

"有的,那就是我希望我的工作有益于我的孩子,让他们在 80 岁时生活的世界依然美好,仅此而已。因为我的时间和精力都是有限的,所以我只想从事那些能照亮儿孙们未来生活的工作。"

我深有同感:"的确,没有孩子的时候,人们往往只会关注自己活着的这几十年；在有了孩子之后，才会关注80年后的世界是什么样子的，也会意识到那时的世界并非与自己无关。"

"我年纪轻轻就做了母亲，那时候同龄人都还在一门心思地拼事业，所以有一段时间我很烦恼，觉得孩子给自己的事业按下了暂停键。但现在看来，其实这种想法是错误的，正因为有了孩子，我工作起来才更有动力。我现在觉得，当时选择生孩子是一个非常正确的决定，我发自内心地感谢自己当初做的这个决定。

"孩子是我工作中力量的源泉。但为了孩子拼命地工作，缺少时间陪伴他们，也确实会让他们感到孤独。因此，我尽量在孩子们面前表现出一副十分享受工作的样子，希望能让他们觉得'成为大人是一件很快乐的事'，不然，我就会觉得更对不起孩子了。然而投身于工作，不知不觉就会忙碌起来，有的时候甚至会过于忙碌，这也是我的一个烦恼。

"纵观我目前的职业生涯，大致可以分为两个时期，一个是敞开怀抱迎接机遇的'扩张期'，另一个则是缩减业务量的'收缩期'，而这两个时期一般是交替出现的。有时候是因为业务量的波动，有时候是因为工作效率得到了提高，忙碌的状态可以得到缓解。"

流乡女士的故事让我认识到，遵从自己内心的标准做选择，不被他人的节奏影响，最终生活和工作都会变好，人生效率也会提高。之后，流乡女士卸任了CEO（首席执行官），在另一家公司担任了CSO（首席战略官）。

▷出岛式的工作方式

虎型人的工作方式
在团队的边界地带，与公司外部的人合作，创造新的价值。

一天，在日本经济新闻社上班的一个朋友提议："我们以'在职场中自由地工作'为主题，举办一个访谈活动怎么样？活动中和你会谈的人，我已经找好了，你们俩肯定合得来。"然后，我便结识了创作人仓成先生，他供职于一家大型广告公司。

为了讨论接下来访谈活动的相关事宜，我来到了约定地点——日本经济新闻社的办公大楼。大厅的布置极具厚重感，进进出出的都是穿着深色西装的人，像我这样背着双肩包、手拿冰拿铁的一个都没有……

就在这时，我发现迎面走来一个同样背着双肩包、手拿冰拿铁的人，那个人就是仓成先生。见面后，我们把本来要讨论的事抛在了脑后，天南海北地聊了起来。

他说："从10年前开始，我就在一个类似出岛①的部门工作。"

"出岛？是'离开岛屿'的意思吗？"

"不是，是长崎的那个出岛。"

"哦，我的书里正好涉及'出岛式的工作方式'。"然后他跟我聊起了详细的情况。

"那时，我被调到一个新的部门，去报到的第一天，上司就跟我说：'你要抛掉之前的工作习惯。'随后，他把我安排在楼层角落的一个上着锁的大房间。进入房间后，我不由自主地感叹：'这里很有出岛的气息啊。'说话间，我脑海中闪现出一个想法：其实可以去长崎那个真实的出岛'盗取'点东西回来。

"真的来到出岛之后，我发现这个地方的街道整体设计非常精致，给了我很多灵感。尤其让我震撼的是荷兰商馆馆长的房间：整面墙都贴着唐纸，榻榻米上放着一张天蓬床，

---

① 出岛是日本江户时代长崎港内的一座扇形人工岛，为外国人居留地。在1641年到1859年间，是荷兰商馆的所在地。日本实行锁国政策期间，出岛是日本对西方开放的唯一窗口。

床上铺着印度产的布料。鸟笼、显微镜、屏风……房间内的陈设无一不在展示着当时的贸易场景，可以说那是一个日式风格混搭西式风格的小天地。"

"在荷兰商馆入驻后，出岛作为'日本与海外的连接点'，变成一个各种事物汇集混杂的地方。以坂本龙马为首，一些有生意头脑和商业敏感度的人，觉得这个'交界地'非常有趣。于是他们聚集于此，通过自己的双手在这里创造出更多的新鲜事物。

"虽然我们采用的是'出岛式的工作方式'，但并不代表我们做的工作偏离了中心。其实，广告行业的所有人都应该采用这样的工作方式。因为我们需要从外部视角出发，为客户制作宣传广告。如果一直待在公司里，是不可能创造出什么新价值的。"

▶让员工把"第二副面孔"运用到工作中

> **虎型人的工作方式**
> 拥有一个可以称为"全公司第一"的特长。

"仓成先生是'电通B小组'的创始人。'B小组'是什么意思呀?"我问道。

"B小组是我们公司的一个创意团队,由来自不同部门的员工组成。'B'有两层含义,一是'B面孔',即小组里的成员都拥有'两副面孔'——工作中是A面孔,工作之余为B面孔。B小组的成员里,有的人是活跃在国际舞台上的DJ、小说家,有的人在工作之余搞农业,也有的人从大学时代起就开始研究人工智能,还有的人是美食博主。

"二是'B计划',即我们的成员致力于创造另类的价值。"

仓成先生的解释让我分外好奇："很有趣！**将个人兴趣或特长结合到工作中，会形成新的思路和想法**，这是基于商业常识的 A 计划不可能实现的。那么，B 小组的成员是如何选拔出来的呢？"

"既有竞选出来的，也有通过公司的人脉网推选出来的。只有大气、有格局的人才能加入，自我主张太强的人不适合我们这个团队。如果用一句话来概括这些成员的特征，那可能就是，他们都喜欢'茶话会'吧。平常闲聊时，如果有谁无意间提供了一个话题，大家都会各抒己见，'你说的是这个意思吧''做一个这样的项目应该会很有趣''那我们就动手做吧'……像这样热火朝天地讨论起来，气氛十分高涨。

"我自认为是全公司最了解年轻员工的人了。我经常会关注'××擅长什么''想要通过工作得到什么''对现在的工作是否满意''如果不满意的话，是什么原因造成的'……这样一来，即使 B 小组有数十个项目在同时进行，我也可以提议'这项业务小林比较擅长，他应该会感兴趣，你可以请他帮帮忙'，帮助不同项目的成员建立联系。从某种意义上讲，我怕是公司里'最爱管闲事的老头儿'了。"

"能有一个可以称为'全公司第一'的特长，也是非常重要的。"我打趣道。

"是的。人们通常会以成为全国第一或行业第一为目标，但团队看重的或许还是'全公司第一'。虽然'成为全公司第一'这个目标乍一看好像比较保守，但非常有利于公司的事业发展。"

▷四维开放创新

> **虎型人的工作方式**
> 从行业既往的优秀案例中找寻灵感,学习优秀前辈的经验,提出返璞归真的创意。

仓成先生说:"在公司里,我除了是最爱管闲事的老头儿之外,还有一个特长可以排第一。"

听他这么说,我又好奇了:"那是什么特长呢?"

"我应该是全公司最了解公司历史的人了。若干年前,我们公司为了庆祝创立 100 周年,给每个员工发放了第四任社长吉田秀之的传记。这本传记'装饰'了我的办公桌七年之久,突然有一天,我闲来无事,拿在手里阅读了起来,结果翻页的手就停不下来了。我深受震撼,不禁感慨:'他真是一位超级创作大师啊。'

"后来，我查阅了一下公司的史料，发现公司的历史就像一个满载创意灵感的宝库，从中可以清晰地了解到，这家公司独有的创意以及在创作过程中应该注重什么。所以我最近经常强调要重视'四维开放创新'。"

"'四维开放创新'是什么意思啊？"我问。

"它指的是和'过去的人'进行合作。把现在做的项目和过去的某件事结合起来，这样不需要从零做起，也可以创作出富有逻辑性和充满趣味性的作品。而且'返璞归真'本身就是一个打动客户的元素。在这个过程中，我感觉自己在与一些伟大的前辈合作，当然，这些前辈也包括一些已经逝世的人。

"一天，我带着几个年轻人去了一趟公司的历史编纂室，管理员大爷很是激动，高兴地对我们说：'你们愿意待多久，就待多久。'可能是年轻人很少来这里的缘故吧。阅读企业史不仅给我们带来许多创意灵感，还让我们认识了公司以前的一些传奇员工，并与他们进行了'面对面'的交流，汲取了很多经验。

"其中有一位前辈，在日本国有铁道[①]和日本电报电话会

---

① 日本国有铁道于1987年分割为七家公司，并将原本国有的经营权移让为民营，其所拆分出的各公司即合称为"日本铁路公司"。

社[1]民营化后,为这两家公司设计了公司标志,他同时也是CI[2]热潮的幕后推手。我们去拜访了这位前辈,认真听他讲述那个时代所发生的故事,从中找出可用的素材,灵活运用到现在的创作上,并在公司内部进行了分享。上面说的这一系列的工作也是B小组的业务之一。"

"原来如此,四维开放创新是结合公司历史进行的一种共同创作啊!"我恍然大悟。

"其实我的出岛之行也是四维开放创新的一个环节。去那里的目的就是希望从历史脉络中得到启迪,实际上也确实收获颇丰。"

---

[1] 日本电报电话会社于1985年民营化,改名为"日本电报电话公司",是日本最大的电信公司。

[2] CI是"Corporate Identity"的缩写,意为"企业形象"。

▷把工作委托给专业过硬的人

> **虎型人的工作方式**
> 认识 1000 个人,不如与 5 个人深度合作。通过工作能结交更多志同道合的伙伴。

一次,我在社交软件上看到一篇文章,题目是《让别人为你工作的 9 个方法》。这篇文章很有意思,我就分享了一下,结果收到很多点赞。

在那之后不久,有人给我介绍了一位新朋友,和他交换名片后,他竟然跟我说:"前几天,您分享过我的博客文章,对吧?"

"是的,原来您就是那篇文章的作者呀!"由此,我认识了编辑岩佐先生。

"听说岩佐先生您很擅长挖掘新人（还没有出过书的人）。到目前为止您都挖掘了哪些新人呢？"我问道。

"比如，富山和彦[①]先生、出口治明[②]先生、曾任日本可口可乐公司董事长的鱼谷雅彦先生，还有麦肯锡日本分公司首位专职人力资源部长伊贺泰代先生，等等。因为我毕业后入职的公司规模并不大，很难请到那些已经有几万本销量的作者为我们写稿，所以我只能把目光放在一些有潜质的人身上。也就是那些还没有著作出版，但是他们一旦出书，一定能吸引来很多读者的人。我的任务就是找到这样的人，并且劝说他们写稿。"

"在劝说他们的时候，您使用的就是《让别人为你工作的 9 个方法》中的方法，对吗？"我问道。

"是的。重点是绝对不能让对方觉得有什么损失，并且要明确告诉他，为什么我们选择委托他来写稿。另外，委托的事项要尽量具体细致。比如哪个范畴的工作需要他来做，如果要调整期限需要怎么联系。最后，告诉他预期的成品大约是什么样的感觉，剩下的内容就全部交给对方来决定了。

---

① 富山和彦是经营共创基盘（IGPI）董事长兼 CEO，波士顿咨询公司经营战略执行长，2003 年产业再生机构设立时就任运营长。著有《一只手指的信念决定胜负》《逆变力》等。
② 出口治明是日本生命网络（LIFENET）人寿保险公司会长兼 CEO，著有《当机立断》《帝国与文明》等。

"我其实很有信心不会被对方拒绝。另外，在对方交稿后，我不仅会表达感谢，还会明确告诉他具体哪些地方值得肯定，因为我希望这次合作能为他打开新世界的大门。所以我并不是在一味地依赖对方过去的成就。在合作过程中，一旦发现对方适合什么新的领域，我也会建议他去尝试。我很希望通过合作实现共赢。"

"也就是说，不要等关系熟了之后再合作，而是通过合作增进了解，让彼此熟悉起来。"我确认道。

"没错。毕竟如果不曾一起工作过，就不能全面地了解某个人，也无法让对方了解自己。而通过工作上的某一次合作建立起来的信赖关系会更加持久。"

▷与公司谈条件

> **虎型人的工作方式**
> 提前与公司讲好条件,不给自己留下任何失败的借口。

想必大家听说过"职场中,要与公司保持平等的关系"这一观点,但要怎么做才能实现平等呢?直接跟公司要求加薪吗?关于这个问题,岩佐先生跟我分享了一点他的经历。

"我刚入职上一家公司的时候,被分配到出版部门,成为一名编辑,这并不符合我当初的预期。但工作上手后,我觉得还挺有趣的,于是在编辑岗位全心全意地工作了14年。但当公司即将对我进行岗位调整的时候,我意识到在这家公司里,我已经找不到比现在的岗位更想做的工作了,于是便提出了辞职。那一年，我 36 岁。

"虽然已经到了不适合跳槽的年龄，但还是有几家公司向我发出了邀请。其中一家公司跟我说，他们的《哈佛商业评论》要出月刊了，需要招募人才，问我要不要去。

"不久后，我入职了那家公司，做了 4 年编辑部职员。后来，我被调到图书编辑部门。又过了 8 年，公司表示希望我以主编的身份，回到《哈佛商业评论》。但是，我并没有立刻答应，而是向公司提出了一个条件。"

"什么条件？"我问。

"主编的工作虽然很有意义，但肩上的担子同样很重，所以我跟公司定了一个'3 年之约'，即我接手后，不管业绩有多差，公司都要让我在这个岗位做满 3 年，并且业绩再好我也只做 3 年就离开。他们问我'那 3 年后你打算怎么办'，我回复'我会辞职'。那时候我想的是，倘若他们可以答应这个条件，我就把《哈佛商业评论》打造成自己编辑生涯的集大成之作。

"随后，负责此事的董事与社长商讨后，告诉我社长同意了我提出的条件，于是我便接受了这项工作。实际上，由于 3 年的时间太短了，我没能把想做的事情都完成，所以我和公司的'3 年之约'又延长了 2 年。

"回想起来，在我的职业生涯中，好像经常与公司谈条件。当公司指派我负责某项工作时,我会跟公司讨价还价,反向提出要求。我为什么要这么做呢?因为我觉得,一旦被委以重任,就必须成功,不可以给自己留下任何失败的借口。倘若公司接受了我提出的条件,那么失败了的话,就完全是我自己的责任,所以我会全力以赴。"

▷让半径 5 米以内的人 200% 满意

> **虎型人的工作方式**
> 在职场中提升自己的个人声誉。不要跟别人介绍说"我是××公司的",要说"我是××"。

后来,岩佐先生按照约定辞去了公司的工作,在越南和老挝住了一段时间后,回到国内,成为一名自由职业者。

"您辞职后,周围的人都是什么反应呢?"我问。

"他们都说我很果断,还有人说,我之所以敢这么做,正是因为我曾是《哈佛商业评论》的主编,在这样一个知名的平台工作过。但是我并不赞同,因为我在公司上班的时候就已经认识到了,<u>不能依赖公司的名气,必须靠自己的声誉获得客户的订单,而且要一直有意识地为之努力。</u>"

"靠自己的声誉获得订单,具体应该怎么做呢?"

"我认为,不必向离我们很远的人宣传自己,只需要关注以自己为圆点、半径 5 米以内的人。我们所做的工作如果能让这些人 100% 甚至 200% 满意,那我们就算得上有所贡献了。

"进一步来说,我们要重点经营那些能给自己带来工作激情的人际关系。在我辞职后,大致是通过两种途径得到工作机会的:一部分人是因为看重我之前的工作履历,所以给了我新的工作机会;另外一部分人是看了我的博客后,向我发出了工作邀约。

"要问哪一种途径更能为我带来有趣的工作,绝对是后者。因为我就是为了追求新的天地,才跳出了之前的舒适区。所以让我把过去做过的工作再做一遍,并不能让我产生太大的兴致。而那些觉得我的博客很有趣,因此而联系我的人,经常会带给我充满挑战性的工作。"

听他这么说,我不禁要问:"您是如何看待挑战和失败的呢?"

"生活在和平社会的我们一般不会遇到生命威胁,我们在职场中感受到的那些疲惫和压力,也并不是什么大不了的东西,我认为这些都不能被称为'挑战'。而且,我的工作既不会有什么生命危险,也不是在保护谁的生命安全,所以比起那些涉及生命安全的真正压力,我的工作压力完全在我可以承受的范围内。

▷先赢得外界的认同,再反向输入公司内部

> **虎型人的工作方式**
> 如果你的企划在公司内不被看好,可以先想办法赢得外界的认同,再反向输入公司内部。

仓贯先生是一家软件编程公司的社长,我们是通过乐天市场创始人之一的安武弘晃先生的介绍认识的。安武先生在跟我介绍仓贯先生时曾说,"你们俩一定聊得来"。

仓贯先生曾经也是一个上班族,后来他收购了自己在公司内部创立的一个创新事业部,成为社长。

"在仓贯先生的著作中,作者简介里的一句话令我印象深刻:还以为自己将要从事什么神圣的职业了,结果进了IT大厂后,发现程序员总是被轻视,因而心生挫败感。"

"IT行业有个词叫'死亡之旅',指的是一个程序员负责的项目怎么做都做不完,必须通过高强度疲劳工作才有可能完成的情形。为什么会有'死亡之旅'这种情况发生呢?我经过调查发现,IT行业采用的业务推进方式是'瀑布式作业',这存在一定的问题。因为根据分工,处于后阶段流程的程序员,只能按照前阶段下达的设计书进行编程,工作非常无趣,而且设计书往往漏洞百出,程序员为了弥补这些漏洞、完善逻辑,经常要日夜奋战。

"为了改变这种状态,我进行了学习研究,于是接触了'敏捷开发'这个概念,它指的是一边使用一边改进的开发方式。在2001年,这种开发方式几乎不为人所知。但我非常认可这种方式,我觉得自己有必要尽力去推广它,于是我策划了一个公司内部的学习交流会。

"当时,我邀请了部门里的50个人来参加学习会,结果只有一个我的后辈出席了。我的这个企划在公司里不受关注,确实令我有点失望。

"怎样才能引起大家的关注呢?一番思索后,我得到的答案是:如果人们从我这个毛头小子嘴里听到'敏捷开发'这个概念,可能不会把它当回事,但如果行业权威杂志对其进行了相关报道的话,说不定会引起公司内部的关注。所以我就查了一下社会上有没有哪个团体在关注'敏捷开发'这个概念，结果还真让我找到了。"

"您的战略是，先在公司外部取得认可或者成功，再'反向输入'，获得公司内部的认可，对吧？"我问道。

"正是如此。而且，一些业内的权威人士也参加了那个团体组织的主题研讨会。为了能让参会的年轻人更关注'敏捷开发'，我在自我介绍时，特意强调了自己是来自某个大企业的员工。

"当时我并不知道用公司的名字进行对外活动需要公司的批准，就无知无畏地做了，结果后来被领导叫去谈话了。但领导并没怎么批评我，反而跟我说，在公司高层的一个学习会上，要讨论一下'敏捷开发'，问我能不能去做一个主题报告。对此，我虽有点慌张，但是我的报告最终得到了高层的认可。之后，公司成立了一个新部门，该部门算得上是我们公司'敏捷开发'项目的'试验田'，我也因此被调了过去。"

▷上班就是在打怪升级

> **虎型人的工作方式**
> 上班族是拥有"不死之身"的勇者。他们的魔法咒语是:"有件事可以向您请教一下吗?"

"有一段时间,仓贯先生想把为公司内部员工开发的社交软件商业化。这种情况,如何才能获得公司的许可呢?"我问。

"在工作中,我总结出一个经验,那就是当你想做一件事,跟上级汇报的时候,不要用'提案'的形式,而应该用'请教'的形式,可以说这是一条铁的法则。

"我每次提案时,都会遭到对方的百般刁难,最后方案却还是没有通过。相反,如果我跟领导说'有一件事情想请教您',汇报之后,领导几乎每次都会站在我这边,成为我的支持者。甚至有的人还把自己以前做的企划书拿来给我看,说在我身上看到了自己曾经的模样。"

"'请教'的威力真是太强大了。"我感慨。

"向一位董事请教之后,他会向我引荐另一位董事,就这样如同接力一般,我见到了公司的很多高层领导。上班族的世界跟游戏里的世界其实非常像,都需要我们打怪升级。在游戏里,我们在和终极守关人决斗之前,必须打败很多一般关卡的守关人。但与游戏不同的是,在工作中即使我们被打败了,也不至于被解雇,事业也并不会就此结束,顶多是被降薪。即便失败后真的遇到什么困扰的话,也可以换个工作从头再来。也就是说,职场的上班族其实拥有'不死之身'。

"当我意识到自己有'不死之身'的时候,我的心态就放松了很多,也就能够大刀阔斧地去做自己想做的事情了。最后,社长也很热心地听完了我的方案,还说'方案不错,你很努力',接着问我'需要多少钱,1亿日元够吗'。实际上我设想的方案,完全不需要这么多经费。但是听到'1亿日元'这个数字时,我有一瞬间动摇了。"

"那您最后是怎么回答的呢?"我忍不住追问。

"这个时候我脑海中浮现出了游戏《勇者斗恶龙》中的一个场景,勇者在和终极守关人龙王战斗之前,龙王问勇者

'我把一半的世界分给你，你要不要加入我的阵营'，这一幕你还记得吗？如果你选择'同意'的话，那游戏就结束了；如果你选择'不同意'，就要和龙王继续斗争。

　　"游戏里的这一幕，让我意识到如果我回答'需要1亿日元'，那么很可能我就要'终生为奴'了，所以我最终回答了'不需要'。现在回想起来，那个时候如果回答'需要1亿日元'的话，可能就是另一种人生了。幸亏我之前玩过《勇者斗恶龙》这个游戏。"

▷重视实践和调研，会有好事发生

虎型人的工作方式

重视实践和调研，接触第一手信息，坚持到底，就会有好事发生。

一天，我读完一本演讲录后，在社交软件上感慨道："这个人怎么这么有趣！这个人怎么这么有趣！（因为太有趣了，忍不住说了两次）"结果我的这个帖子被分享了100多次。并且我和这个人竟然有一位共同的朋友，经那位朋友介绍，我便认识了这位在大型电器制造企业工作的竹林先生。

在演讲录中，他提到了自己曾用16天的时间，从东京步行回到滋贺家中的经历。

我好奇地问他："那么远，为什么要步行回去呢？"

"这件事其实有一个铺垫。我在公司担任新产品开发负责人期间,曾经提出过一个网络信息服务方案——用户只要通过某个车站的自动检票口,就可以在手机上收到该车站附近店铺的信息和优惠券,我自认为这个方案很有趣,就联系了电力铁道公司。

"我先去了 A 公司,结果他们听了我的方案后,跟我说:'您是京都人对吧,您根本不了解东京,怎么能设计好一个有关东京街区的方案呢?'我就这样被拒绝了。

"于是我就想,既然被这样的理由拒绝,那我就去了解一下吧,我把 A 公司的所有铁路沿线全都走了一遍。这个过程中,我确实看到了很多有趣的事物,也确实有一定的收获。所以在与 B 公司商谈之前,我就把他们公司的铁路沿线也全都走了一遍。因此在商谈过程中,我一开口,对方就很惊讶地问我:'您对这些情况,为什么会如此了解呢?'正是因为我事先做了充分的了解,才让当天的商谈进行得很顺利。"

"他们肯定没想到,您竟然会把铁路沿线全都走一遍吧。"我猜测道。

"是的。我徒步铁路沿线的时候,用的是昭文社的地图。它把东京划分成了 314 个区域,我每走完一个区域就涂红一块,享受这份成就感。渐渐地,我产生了一种执念,想把所有的区域都涂红，最终我用了 3 年半的时间做到了。

"后来，由于我们公司和昭文社洽谈一项合作，我有幸和他们的社长吃了一次饭。双方简单地进行了自我介绍后，我跟他说：'在谈工作之前，想请您先看一样东西。'说着，我就拿出了全部涂红的地图。然后我问他：'这是贵司出版的地图，我每走完一个地方都会涂红对应区域，我花了 3 年半的时间全部涂满了。能请社长您签个名吗？'于是他给我签了名，还说这是他第一次在自己公司出版的地图上签名。

"这些经历，虽然不可能全都有益于我的业绩，但它们都是一种财富，会成为我们日后创意的源泉。"

第3章

获得突破性成就的人有什么共同之处?

虎型人的 10 个共同特性

读到这里，你觉得"虎型人的工作方式"怎么样呢？

按照"工作就是苦役，工资是其忍耐费"这个逻辑，虎型人的很多行为确实打破了常规，并且有悖于常识。

尤其是上一章介绍的每一个案例都有其独特性，如果过于关注案例中主人公的具体工作内容和行为方式，你可能会觉得"案例中的那些人与我不属于同一个行业，也并非从事同样的工作，他们的案例并没有多少参考价值"。

如果你有这样的想法，我觉得非常可惜，我建议有这样想法的人换一个角度去思考——那些银行职员和公务员都能在团队中自由地工作，我为什么不可以呢？或者说，"在团队里工作必然要丧失自我"的观点，其实会不会一直是人们的一种误解？

具体来说，如果你之前一直认为职场中只有犬型人这一种，请你一定要认识到"职场中，我们还可以选择当猫型人"，这是第一步。倘若你已经走上了猫型人之路，今后如何能够进化成为虎型人呢？

在回答这个问题之前，首先让我们一起来探讨一下"虎型人的共同特性"吧。我们知道，虎型人经常做一些不拘泥于常规的事情，这并不是说虎型人做事完全没有规律、章法可言，而是因为他们有着自己独特的章法。

　　与十几位虎型人进行了交流后，我对这种独特的章法有了一定的了解，从而总结出了虎型人的10个共同特性（见表3-1），其中的几条正好与藤野先生最初提到的有关虎型人的概念一致。

表3-1　虎型人的10个共同特性

① 在虎型人心中，自我意志高于上级命令（在公司里容易被边缘化）。
② 偏离"轨道"的挫折经历是人生的转折点。
③ 能够取得瞩目的成就，也有突出的个性（客户当中有一部分人是虎型人的忠实粉丝）。
④ 在公司的高层中，有虎型人的知音（庇护者）。
⑤ 曾有过"一贯式"的工作经历，即曾独自一人负责项目中的所有业务。
⑥ 不喜欢在人多的地方扎堆。
⑦ 每种类型的虎型人，都能与其他类型的虎型人成为挚交好友。
⑧ 容易和公司外部的人结成联盟。
⑨ 热衷于给别人牵线搭桥，努力实现团队自运转。
⑩ 不刻意做职业规划，顺其自然地扩展自己的业务范围。

▷自我意志高于上级命令

想必大家都已经注意到了，我这里说的"自我意志高于上级命令"，指的并非违抗公司的命令，做事我行我素的状态。它的含义是不把遵从上级命令、完成上级指派的任务视为工作的全部，反而经常主动地思考除了本职业务之外，自己还能为顾客、公司、社会做出什么贡献。

因此，他们或者经常做一些脱离本职工作的事情，看起来好像不务正业；又或者经常跑到和自己业务无关的部门去，被人以为是在偷懒。

其结果就是，公司里的虎型人往往容易被边缘化，因为别人理解不了他们每天都在忙些什么。

此外，倘若上司给虎型人提出了诸如"为了销量达标，不惜欺骗顾客也要把商品卖出去"这类可能会危害顾客利益的要求,虎型人会对此嗤之以鼻,选择遵从自己内心的准则。而且,他们也不会因为对方是大客户,就对其承颜候色或低声下气。

▶偏离"轨道"的挫折经历是人生的转折点

虎型人之所以不屑于绞尽脑汁地揣度上司和客户的心意,是因为他们曾经偏离过"轨道"。

只有那些从未偏离轨道的人才会误以为:一旦偏离轨道,游戏就会结束。所以这类人在职场中做事都小心翼翼、畏首畏尾的,有的甚至会因为担心上司对自己的评价变低,而无条件地服从公司的命令、优先团队的利益,即使这样做可能违背了他们自己的意愿。

相反,那些曾经偏离过"轨道"的人能够意识到:即便偏离了轨道,也并非无路可走,因为还有别的路。而且,这些路可以带我们去任何想去的地方,那些地方会让我们感到更加自由,会让我们感到世界更加广阔!因为认识到了这一点,所以相较于公司的命令,虎型人会优先遵从自己的本心。

另外，所谓的偏离"轨道"，每个人的具体情况各不相同。

考试失败，留级，就业无门，被分配到不适合自己的岗位，每天被领导斥责，被降职或降薪，负责的项目被终止，大病一场，至亲至爱发生意外，等等。那些人生中伴随着挫折甚至痛苦的转折点，并没有让虎型人从此一蹶不振，而是令他们找到一条更适合自己的新道路，可以发挥自身优势为社会做出贡献，最终形成他们特有的工作方式、行为准则，让他们收获独一无二的职业生涯。

▷能够取得瞩目的成就，也有突出的个性

从第 2 章中，我们可以了解到，每个虎型人都发挥着自己突出的个性和特长，并取得了令人瞩目的成就。因此，周围的人意识到，应该给予虎型人一定的自由空间，这样一来，就能为虎型人形成他们独特（自由但并非随心所欲）的工作风格创造条件。

然而，有一点我必须说明：虽说虎型人能够取得突出的成果，但这些成果往往不是"销售业绩第一"这种容易量化的成绩。很多时候，虎型人做的工作，在公司里甚至没有第二个人在做。因此，对于虎型人的工作，连与之比较的对象都不存在，更别提对他的业绩进行排名了。

也正因为他们在公司里做着独一无二的工作，没有能与之比较的对象，所以公司里的人（特别是犬型人）往往会觉

得"搞不懂他每天都在忙些什么"。即便如此,客户当中依旧有一部分人是虎型人的忠实粉丝,所以公司内部对他们的完整评价是:"虽然不知道他们每天都在忙些什么,但不可否认他们是客户认可的人。"

▶在公司的高层中，有虎型人的知音（庇护者）

除了客户群体里有一部分人是虎型人的忠实粉丝之外，团队高层中，也有人会因为非常认可虎型人的工作成就而成为虎型人的庇护者。由于虎型人普遍能够将公司的理念和个人意志进行完美的结合，并且在此基础上为顾客创造价值，为社会做出贡献，因此，如果公司高层的某个人看中这种能力，他便会成为虎型人的知音。

大多数虎型人其实是非常认同公司的理念的，也对那些同样认同公司理念的客户们心存感激。

公司高层中，虎型人的知音（庇护者）多半也是个虎型人。在"打工虎"看来，正是因为公司高层中有虎型人存在，自己才能在公司里生存发展、做出贡献。

倘若公司高层中没有虎型人，只剩下了狮型人甚至犬型人的话,"打工虎"很可能难以在这个公司生存下去,基本上都会选择辞职。

虽然公司高层的虎型人不一定是"打工虎"的直属领导,但是他们大概率曾经一起工作过,从而建立了相互信赖的关系。

▷曾有过"一贯式"的工作经历

虎型人不喜欢一直在别人的指挥下工作。所以他们经常被指派到尚未有人涉足的新项目中,成为项目的启动人。

因此,很多虎型人都曾有过"一贯式"的工作经历,即从产品的策划到生产制造,再到销售交付,最后到收集客户的反馈并对产品或服务进行相应的调整,一个人独立负责完整的流程。在这个过程中,他们必须为自己负责的项目赋予价值,肩负着重大责任的同时,也得到了很多锻炼。

当然,有的时候虎型人也可能和几个人组队共同推进一个项目,即便如此,虎型人基本上还是会在全面了解项目整体情况的基础上,独立做出判断和决策。因此,如果客户有什么不满意的地方,他们也会主动承担责任。而客户口中的那句"谢谢",对他们来说就是最好的嘉奖。

我把来自客户的感谢，称为"灵魂的馈赠"。这种馈赠，享受过一次就会"上瘾"。让人加倍努力工作，并且今后的所思所想都是"如何才能让客户更满意"，这就是"上瘾"的状态。

通常，习惯"一贯式"工作的人会对项目的整体情况比较了解，多数时候能够自己独立做出判断和决策，也能够迅速将决策落实到行动上。所以在与客户商谈的过程中，当客户提出某些要求的时候，虎型人可以一边与客户交流，一边思考如何应对，并且当场解决问题。他们一般不会跟客户说："您的这个要求，我要回公司请示一下才能答复……"

由于虎型人非常了解客户的心理，即使在设计一个全新的方案或产品的时候，他们通常也不会偏离客户的需求。而且他们的设计往往会产生滚雪球效应，比如为某位客户做的企划让这位客户非常满意，别的客户听说后，会指名说："我想要一样的！"

在这种良性的循环中，虎型人锻炼出了较高的市场敏锐度，进而能让一些客户成为他的忠实粉丝，同时也获得了公司高层中的虎型人的赏识。

与之相反，如果一个人不与客户接触，一直在从事一些局部的单一的业务，就很难培养出对市场的敏锐度，也就不会产生上述的良性循环。所以越是那些长期从事单一工作的人，越容易郁郁不得志。

▶不擅长以团队的形式完成工作

虎型人虽然隶属于某个团队,但他们不喜欢扎堆。

他们热爱独立思考,喜欢随机应变地采取行动,所以不喜欢待在人多的地方,例如挤电车、排长队、和别人一起团购等。无论是物理上还是概念上的拥挤,虎型人都不喜欢。

倘若和许多人聚集在同一个项目或团队中,虎型人想要进行一些新的尝试时,容易遭到各种人员的推诿或抱怨。该项目或团队由于牵涉的人员较多,往往会进行细致的分工。

另外,在人多的项目或团队中,虎型人还容易被管理者施加同调压力,或是不得不遵守一些烦琐多余的规定,这些都会令虎型人感到恼火。即使他们想到了一个能打动客户的创意,在团队内进行汇报后,得到的反馈也极有可能是"和规定的做法不一样,不通过",或是"要和大家保持一致",

这个时候虎型人真的会很沮丧。

令虎型人不屑一顾的是，聚集在团队的中心位置，争抢功劳或争夺权利（特别是参与派系之争）。与其被卷入这种无聊的斗争中，他们宁愿待在团队的边缘位置，投身第一线，和顾客待在一起。

然而，虽然虎型人不会过分在意升职这件事，但如果身处某一个岗位可以更好地为顾客服务，那么他们也会努力去争取那个职位。说到底，他们的目的并不是要变得位高权重，而是可以借此做自己想做的事，为客户创造价值。

虎型人也不喜欢"一个团队的信息都集中在管理层"这种状态。他们更喜欢没有信息差的扁平化企业架构，因为信息差会让虎型人在独立思考和行动的时候出现偏差。比如，有的时候本来是出于好意做的事情，由于不了解一些内情，可能适得其反。

不及时共享信息，会影响团队的工作效率，这一点让虎型人感到很不舒服。当然，对于有些人利用自己在信息上的优势，从而控制、约束他人的行为，虎型人更是不以为然。

▷能与其他类型的虎型人相处融洽

"打工虎"通常能与有才干的企业家成为朋友,其中包括活跃在大城市里的"创业虎",也包括为振兴家乡而努力的"青年虎"。这些虎型经营者,大多不喜欢团队里犬型人的工作态度,他们可以一瞬间"嗅出犬型人的味道"。

也就是说,他们可以分辨出"一个人,在他是公司的一员之前,他是否是他自己"。

关于这一点,"打工虎"在与公司外部人员接触的时候,既不会依赖自己所属公司的招牌,也不会看人下菜碟,因对方的职务或头衔而改变自己的态度。他们说话的时候,通常以"我"作为主语,而不是"敝公司"。

也有人认为,在公司外部的人面前,提到自己的上司或同事的时候,可以直呼其名,适当地加上一些尊称(与称呼公司外部人员时采用同样的方式），商谈的效果会更好。因为无论是对公司内部的人还是外部的人，都使用同样的称呼，有助于构建超越企业框架的平等关系。这样一来，虎型经营者也会更愿意与之合作。

倘若可以和虎型经营者搞好关系，即使不与之刻意搭建人脉，虎型经营者也会主动介绍朋友，或者邀请朋友共同参加聚会。这样就可以毫不费力地结识许多有职业魅力的人。

▷容易和公司外部的人结成联盟

当一个新项目需要人手的时候,虎型人经常会与公司外部的人组成团队开展工作。

人们普遍认为,大企业有着丰富的人力、物力、财力,有许多可供新项目使用的资源,事实上,在一个新项目刚筹备还不算正式业务的时候,往往很难邀请到公司内部的人参与其中。

即便某个新项目取得了不错的成绩,其成员往往也不会得到较高的绩效评价,因为新项目的收益与核心业务相比还是微不足道的,在公司内可以调配到的资源优先级较低。在这样的情况下,一个新项目就没办法邀请到那些看重绩效的员工,就连想请某个员工来短期帮忙,有的时候也难以实现,因为他的领导可能不会同意自己的下属被其他事务占用。

所以虎型人最好先和公司外部的伙伴合作。在选择外部合作伙伴的时候，他们一般会选择那些愿意一起摸索并享受摸索过程，即使在困境中也能感受到工作乐趣的人。因为新项目的工作没有所谓的标准答案，所以如果一个人只会听命于人、被动地工作，他并不适合参与其中。

在新项目的推进过程中，有的虎型人会和外部的一些专业人士合作，但这并不意味着把项目"外包"给了他们，而是虎型人与之组成了一个包括自己在内的跨公司的团队，共同完成项目。在这个跨公司的团队中，虎型人负责自己公司内部事宜的调整，同时也负责与外部的专业人士进行直接的交流，这样既能丰富自己的知识，积累相关经验，也方便表达自己的观点和主张。虽然很辛苦，但确实能让虎型人得到锻炼。

在搭建公司外部人际网的时候，虎型人看重的不是对方所属的部门、职务、年龄等符号化的东西，而是这个人是否与"致力于为社会或者行业贡献新鲜有趣的价值"这一理念有强烈的共鸣。因此，虎型人可以建立起一个超越个人和公司的利益，有着无私奉献精神的人际网。

这个人际网中的成员，可以利用各自的强项，提出一些"不用花钱，并且能发挥自己优势"的创意，这些创意通常会很轻松地获得成功。并且很多时候，这些创意会被公司采纳，成为公司的一项正式业务。由此，虎型人和这群外部的伙伴也就开始了真正的业务合作。

▷热衷于给别人牵线搭桥，努力实现团队自运转

虎型人可以在工作中自然而然地建立起人际网，因此他们经常发挥这个优势，给别人牵线搭桥。特别是发现某些有想法的人在孤军奋战的时候，虎型人会建立一个社群时为了避免孤军奋战的人聚集到一起。而建立社群时为了避免被当成骗子，虎型人会亮出公司的招牌，这样更容易获得他人的信赖。在这一点上，可以说虎型人最大限度地利用了隶属于某个大公司的优势。

不过，作为社群的核心人物，他们却不喜欢成员过分依赖自己，不希望这个社群离不开自己，所以他们会想办法让社群实现自运转。这也是虎型人的一个共通之处：他们并不想一直掌控这个以自己为中心建立起来的社群或组织。

他们认为，一个团体最理想的状态应该是：不需要他人

的指挥命令，团队成员也能自主地进行工作，不会因为离开了某个人而产生困扰。而且，他们也不希望自己不知不觉地成为团队中的掌握实权但危害组织的人。

另外，倘若虎型人介绍了不同公司的 A 君与 B 君结识，即使二人之后进行了合作，并且取得了成功，虎型人也不会因为给 A 君和 B 君牵线搭桥而受到公司的任何嘉奖，因为在这个过程中，他并没有为自己的公司做出什么直接的贡献。并且，在虎型人的努力之下，他曾经创建的社群实现了高效的自运转，社群的成员也能够独立自主地工作了。这个时候，如果社群取得了什么成果，人们很难会记起虎型人曾经的贡献。

因此，虎型人付出的努力，经常得不到别人的赞美和感激。但是，他们心里清楚，自己所做的事情对公司是有价值的，并且会一直负责任地做下去。看到与自己有过交集的人活跃在工作岗位上并取得了一些成绩，即使没有得到应有的感谢，他们也会因此感到欣慰。

▷顺其自然地扩展自己的业务范围

虎型人不看重职位，对升职不感兴趣，所以他们不会有类似这样的职业规划："多少岁之前要当上科长""多少岁之前要掌握某种专业技术"……事实上，几乎没有哪个人的职业路线完全符合自己最初的设想，所以虎型人会顺其自然地迎接下一项工作。

虎型人的职业规划不似登山，并非朝着山顶这个既定目标勇往直前，而更像是冲浪，顺其自然、随机应变地应对每一个迎面而来的波浪。而令虎型人的职业生涯产生变化的契机大多是来自别人的一项委托，可能是同事拜托给他们的某件事，也可能是领导丢过来的某项业务。例如，有人跟他说"你去越南发展点新业务吧"或者"你能不能当社长"之类的。所以，虎型人的职业路线并非自己提前规划的，而是机缘巧合之下自然而然形成的。

有的时候，社交软件也能给一个人的职业生涯带来新的机遇。当代社会很多人的工作和生活存在交集，例如，一些人会在社交软件的个人账号上发布一些与自己工作相关的话题。如果一个人平时经常在社交软件上发布一些信息，也会更容易收集到所需要的信息，所以有的人能够通过社交软件获得工作机会。

比如，某天某人在社交软件上随意发了一句"我失业了"，就可能会有人给他介绍新的工作；某天某人分享了一篇有趣的报道，就可能会收到好友的留言："作者是我的朋友，介绍你们认识吧。"因此，很多虎型人会觉得"自己人缘好""运气好"。

由于虎型人不受组织框架的限制，很多人的活动会延伸到公司业务范畴以外，或者以副业的形式，或者通过志愿者的形式。当一个机会来临的时候，虎型人不会说"我们公司禁止从事副业，没办法，只能放弃了"，而是会认真地思考"怎样才能把握住这个难得的机会"。

以上就是到目前为止，我发现的"团队中虎型人的10个共同特性"。

第4章

"做好加减法",打开成为虎型人的大门

从猫型人到虎型人的进化之路

▷ 职场中的加减乘除法则

如果你认为"自己是一个猫型人"的话,"虎型人的10个共同特性"中有几个与你相符呢?

为了方便你找到答案,此处我再次列举一下:

①在虎型人心中,自我意志高于上级命令(在公司里容易被边缘化)。

②偏离"轨道"的挫折经历是人生的转折点。

③能够取得瞩目的成就,也有突出的个性(客户当中有一部分人是虎型人的忠实粉丝)。

④在公司的高层中,有虎型人的知音(庇护者)。

⑤曾有过"一贯式"的工作经历,即曾独自一

人负责项目中的所有业务。

⑥不喜欢在人多的地方扎堆。

⑦每种类型的虎型人,都能与其他类型的虎型人成为挚交好友。

⑧容易和公司外部的人结成联盟。

⑨热衷于给别人牵线搭桥,努力实现团队自运转。

⑩不刻意做职业规划,顺其自然地扩展自己的业务范围。

职场中,猫型人如果在思考方式和行为方式上有意识地参照这10个共同特性的话,他们可能会在不知不觉中变成虎型人。

那么,一个人想要从猫型人进化成为虎型人,具体应该怎么做呢?

首先我们必须认识到虎型人的这10个共同特性不是独立存在的,而是相互关联的。一个人为了让客户满意,在不断磨炼自己的过程中实力会逐渐增强,在不知不觉中符合这10个共同特性的全部内容,也就实现了"从猫型人到虎型人的进化"。

为了帮读者们加深理解,我引入"职场中的加减乘除法则"进行具体介绍,如图4-1所示:

- 对兼任的项目进行"因数分解"，抓住各项目共同的重点，在应对一项工作的时候，其他的工作也在同步推进。
- 工作的回报是自由。

4. 除法阶段

- 将打磨出来的优势与别人的优势结合。
- 工作的回报是收获志同道合的伙伴。

3. 乘法阶段

2. 减法阶段

- 舍弃不擅长和不喜欢的工作，集中精力打磨自己的强项。
- 工作的回报是形成鲜明的个人优势。

1. 加法阶段

- 扩大自己能够完成的业务范围，不擅长的工作也要做，实现量的积累。
- 工作的回报是收获下一项工作。

图4-1　职场中的四个进化阶段
（加减乘除法则）

思考练习

1. 你认为自己目前处于第几阶段？

2. 在你的团队中，哪个阶段的人最多？

"职场中的加减乘除法则"把职场中的工作方式分成了四个阶段，从低到高依次是加法阶段、减法阶段、乘法阶段、除法阶段。根据该法则体系分析，无论是上班族还是自由职业者，都是一边调整、改变自己的工作方式，一边实现个人的成长和进步。

让我们一起来看一看加减乘除法则中每个阶段分别侧重什么样的工作方式，以及各个阶段会带给我们哪些不同的回报吧。

加法阶段

全身心投入工作，不要对工作内容挑三拣四，要进行大量的练习和积累，努力拓展和提升自己的技能。

当一个人在开始一项新工作的时候，首先需要做加法，也就是要努力拓展自己的技能。在这个需求的前提下，我们尽量不要对工作挑三拣四，不管是不擅长的事情还是讨厌的事情，都要努力学习和尝试，直到自己能够完成为止。

"直到能够完成为止"，这一点很重要。

刚从学校毕业的新人，在还没正式开始工作以前，常常会充满自信地说"我想做××工作"，或者说"我擅长做××工作"，但很多时候，他们所谓的特长、强项并不能应用到实际的业务中。

而一个人是否适合某一项工作，只有真正做过才能知道。所以，对于分配给我们的工作，即便一打眼儿觉得不适合自己，也要先学会这项业务，把分配给自己的工作完成。在你对这项工作的熟练度、完成度超过了一般人的水平后，再来判断自己是否适合这项工作。

在加法阶段，你所做的工作带来的回报是下一项工作。即使下一项工作与之前的工作内容完全一样，也没关系，因为反复操作可以帮助我们提高完成工作的质量和速度。而如果下一项工作与之前的工作内容有所不同，则有利于拓展我们的技能。所以在加法阶段，做什么工作并不重要，重要的是"大量地练习和积累"。

你完成的业务越多，就越容易进入工作状态，也越容易投入工作中。需要注意的是：人通常是动手开始工作之后，在工作的过程中慢慢进入工作状态，而不是一上来就进入工作状态的。因为在一项工作的初始阶段，我们可能认识不到它的深远意义，但做着做着会发现它可以创造的价值。其实，帮助我们进入工作状态的最大的动力源泉就是客户的那句"谢谢"，即前文提到的"灵魂的馈赠"。

如果我们做的工作能够让客户满意，我们会更加埋头苦干，以求进一步提升客户满意度。这样一来，我们就会赢得更多客户的支持。但是，随着我们技能的拓展，工作量会逐渐增加，不知不觉就会超出我们的负荷能力。

为了解决这种超出负荷的问题，我们可以尝试各种各样的方法以提高自己的工作效率。一番努力之后，倘若能够将超出负荷的部分控制或压缩在我们所能承受的范围内，那么在这个过程中一定发挥了我们的某项特长，即强项。这个时候，我们真正的强项才展现出来。这也是进入下一阶段的信号。

减法阶段

专注于断舍离和提升专业度，舍弃不擅长和不喜欢的工作，集中精力打磨自己的强项。

要打磨我们在加法阶段展现出来的强项，必须舍弃那些无法发挥我们个人优势的业务，这就进入了减法阶段。

在加法阶段，我强调了，对工作不要挑三拣四，即使面对那些自己最初认为不擅长的事情，也要努力学习，直到能够完成为止。在这个过程中，你会发现有些业务"虽然自己做得已经高于平均水平了，但还是不喜欢这项工作"。这样的业务，该怎么脱手呢？

发挥自己的优势开展的工作，如果给周围的人带来了价值，那么就会有更多可以发挥自己优势的机会找上门来。所以，你要进一步打磨自己的优势，当我们的优势足够突出时，周围的人就会想："让他去做他擅长的工作吧，这样对大家都有好处，其他的工作就由我来接手吧。"

像这样，确立一个或多个无论是自己还是周围的领导、同事都认可的非常鲜明的个人优势，便是在减法阶段我们可以获得的回报。

乘法阶段

将打磨出来的优势与别人的优势结合，不仅能独当一面，还能和别人强强联合，激发自身的其他潜能，进一步提升自己的个人优势，形成不可替代性。

我们拥有了鲜明的个人优势后，就会有人主动提出"我们需要你的帮助，要不要合作"，给我们带来一些新的工作机会。这可能需要我们从事某份涉及公司内外协同的专项工作，也可能需要我们参与多个项目并贡献力量。无论是哪种情况，我们都可以接触拥有各种各样强项的人，与他们组成团队，共同创造价值。

此外，还要努力将"自己身上的不同优势"做乘法。这样，有利于我们提高个人优势的稀缺性，打造独创性。如果我们能成为一个无可替代的人，就会有更多的项目邀请我们参与。

步入乘法阶段后，我们就会常以团队为单位开展工作，在此过程中收获的志同道合的伙伴，就是这个阶段的回报。

除法阶段

对兼任的各项业务进行"因数分解"，归纳概括共同点，合并同类项，使之成为未来工作的重心，取本舍末，在应对其中一个项目的同时，其他项目也可联动推进，最终建立"个人品牌"。

那么，最后这个"除法阶段"是什么意思呢？

对于"加法""减法""乘法"，单凭名字尚且能揣摩出其中的含义，但是从"除法"的字面意思出发，你可能想象不到它具体指的是职场中的何种工作方法，让我来解释一下。

如果我们在乘法阶段参与的项目过多，容易令每一个项目都不能尽善尽美地完成，甚至会让有的项目中道而止，这着实会让人心情郁闷。这个时候，其实可以用"除法"先对工作进行"因数分解"，再把共同的元素归纳概括起来，合并同类项。这个操作可以说是在帮助我们确立一项工作的中心范围，即工作重心。

归纳概括、合并同类项的标准，可以是在不同项目中我们应用到的某个相同的优势（强项），也可以是不同项目的相同理念（为什么做这个项目）。总之，将所有的工作都按某个共同点归纳概括的话，我们无论身处哪个项目，无论在为这个项目做什么，其余的所有项目都是处于现在进行时，属于同时推进的状态。

换句话说，在除法阶段，我们要放弃那些无法归纳概括到一起的工作。一旦确定了工作的中心范围，对于那些偏离中心范围的工作，就可以果断舍弃了。

把自己兼任的各项工作整合在一起，我称之为"统任"。一个人如果实现了对多项工作的"统任"，就代表他建立起了自己的"个人品牌"。

在除法阶段，我们可以获得的回报是"自由"。因为步入这一阶段后，无论你在哪里、在做什么事，都有利于其他工作的推进。从这个意义上讲，我们在该阶段真正实现了无论时间、场所，还是资金状况，甚至是精神状态上都高度自由的工作模式。

以上就是在职场中可以应用的"加减乘除法则"。

▶失败的加减法则：累加的数量不够

想要实现"从猫型人到虎型人的进化"，在加减乘除法则的四个阶段中，最应该引起重视的是"从加到减"的过程。

虎型人和猫型人的区别主要体现在绩效的高低，但虎型人同时还有其突出的个性。相信通过第2章中的许多小故事，你已经认识到了虎型人之所以能拥有突出的个性，是因为他们将自己与别人的不同之处打磨成了自己的优势。

我采访的所有虎型人中，无一例外地都经历过加法阶段与减法阶段。可以说，没有完成良好的"从加到减"，就无法实现从猫型人到虎型人的进化。

那么，怎样才算得上是良好的"从加到减"呢？

我跟藤野先生聊天时，说到了这个"职场中的加减乘除法则"。于是，他跟我分享了一件他的往事。藤野先生35岁之前在一家外资金融机构担任基金经理，是一个上班族。那个时候他是怎么进行"加法"和"减法"的呢？

"我的减法阶段开始得比较晚，年轻时一直是'加！加！加！'的状态。我那个时候的工作方式其实不太正常。比如，我给自己定了一个规矩——星期二和星期四是不许睡觉的日子。"

"什么？不许睡觉的日子？"我震惊地确认。

"是的，那时候我要求自己，每周二和周四要通宵工作。这两天必须24小时待在公司，一直工作。白天参加一些会议，进行一些协调工作，晚上分析数据、写报告。当时公司给我配了秘书，但工作量太大，一个秘书撑不下去，所以后来给我配了三个秘书，他们分别早、中、晚三班倒。

"这样工作的结果是什么呢？当然是身体垮掉了。高强度工作了3年后，我出现咳嗽不止的症状，被诊断为哮喘。当时我整个人都蒙了，很有挫败感。不过，对我来说那未尝不是一件好事。"

"把身体搞垮了还能是什么好事？"我又一次反问。

"因为在我自己的身体垮了后，才体会到了别人的痛苦。在那之前我一直不理解'为什么大家没工作多久就累了''隔三岔五就感冒''动不动就要请假休息',我甚至觉得他们都是在偷懒。那时的我,在周围人眼里一定是一个非常讨厌的人吧。

"虽然我并不认为自己现在变成了一个好人,但因为那次生病的经历,我重新审视了自己的工作方式。于是,在33岁左右,我果断地决定不再一味地增加工作量,开始对工作进行调整。"

"那个时期应该就是您'从加到减'的转折点吧?"我明白了他想说什么。

"是的。我这种情况属于被动地做了'减法'。这件事让我感受到,有所失去,才会有所收获。失去了健康,让我意识到了人的体力是有限的,于是才有了现在的自己。"

其实,藤野先生的故事也从侧面反映出了在职场中做"加法"的重要性。

通过藤野先生的案例,我们可以认识到,无论是狮型人还是虎型人,这些领导者都是通过脚踏实地、坚持不懈的努力才有所成就的。可以说,他们之所以能取得优秀的业绩,是因为曾经进行了充分且扎实的积累。

虽然我们要避免做过度的"加法",不要出现像藤野先生那样把身体搞坏了的情况,但是,在应该做"加法"的阶段,"累加的数量不够"也是一件令人遗憾的事。

很多人听说了"打磨自己的优势很重要"这一观点后,在还没完成足量的"加法"的情况下,就对工作挑挑拣拣,只做自己擅长的事,这样是不对的。

如果用雕塑工艺来解释"职场工作的加减法"的话,那么把石膏块做大,就是在做"加法",而将这个石膏块进行切割,雕刻出一个名为"优势"的工艺品,就是在做"减法"。

真正的优势,并不是像捏橡皮泥一样,抓起一块往身上一粘就可以了。真正的优势,必须通过切割、雕刻、打磨自己,才能获得。因此,如果在加法阶段,练习和积累的量不充足的话,石膏块就会很小,雕刻出来的东西也会很小,这么小的东西在别人看来,甚至有可能无法被称为"优势"。

除此之外,加法阶段容易出现的另一个问题,就是累加的质量不达标。简单来说,就是虽然做了"加法",但过程中却忽视了客户的需求。这又是怎么一回事呢?

▷失败的加减法则：累加的质量不达标

在加法阶段，亲身体会工作的真谛，至关重要。

工作的真谛，其实就是为客户创造价值，提升客户满意度。也就是说，是否收获了很多来自客户的感谢（灵魂的馈赠），代表了加法阶段的工作质量。

因此，在做"加法"的时候，你应该从顾客的需求出发，不断思考"为了让客户更加满意，我应该怎么做"，渐渐地就会摸索出，发挥自己的哪一项优势更容易赢得顾客的支持。之后的工作中，不断地打磨这个优势，这便是在做"减法"了。如此，一个人如果完成了良好的"从加到减"，他就会在不知不觉中收获越来越多客户的支持。

赢得客户的支持，是从猫型人进化成虎型人的必备基础。这是因为，你有了这个基础，就可以不在乎"团队内部的看法"了。在团队中，有时我们会遇到一些合不来的上司，即使我们做了自己认为至关重要的工作（对客户有价值的工作），也得不到他们的认可。

因此，我们必须做出选择，是"希望赢得顾客的支持"，还是"希望得到上司的肯定"。犬型人可能会毫不犹豫地选择"得到上司的肯定"，但猫型人想要选择的是"赢得顾客的支持"，却对自己的选择心存顾虑。这个时候，如果身边有非常多支持自己的客户，就不必太在意上司的看法了，可以大胆地做出符合内心的选择。

所以，要实现良好的"从加到减"，就必须"赢得客户的支持"，这是一个基础。倘若缺失了这个基础，猫型人是无法进化成虎型人的。

说到这里，有人可能会问："我在一家大型企业上班，工作中没有接触客户的机会，那该怎么办呢？"其实，我这里所说的"客户"是广义层面的，不仅仅指购买商品的人。如果你在人事部门工作，那么公司里的员工就是你的"客户"；如果你在工厂的生产线工作，负责下一道工序的同事就是你的"客户"。

这样一来，即使我们身处大型企业，也可以把焦点放在"客户"身上，完成良好的"从加到减"。但如果你了解了这些，还是想和购买商品的实际客户打交道的话，可以选择从事一些副业。而如果你真的要做副业，我建议你选择一家小型企业，尽可能采用"一贯式"的工作方式——把自己创造的价值亲自传递给客户，并直接从客户那里听取反馈意见。

或许有人会说："我们公司禁止从事副业，我做不了副业。"但是就这样轻易放弃的话，太可惜了。可以选择类似志愿者工作的形式，因为这种工作，大多数公司不会把它视为"副业"而明令禁止。

另外，在一些不涉及金钱的活动中，采用"一贯式"的工作方式，还有其他好处。倘若是有偿的副业，即使遇到不喜欢的业务，很多人也会硬着头皮去做，这样一来，好不容易开展起来的副业，仅仅因为它是有偿的，就变得和正式工作一样，需要我们委曲求全、自我牺牲。

无偿的志愿活动不涉及金钱，我们不会产生什么心理负担，可以沉浸在自己擅长的领域中，专注于创造客户期待的价值。也就是说，你可以借此打磨自己的强项，积累做"减法"的经验。

▷优势鲜明的判断标准

减法阶段的最终目标是确立一个或多个大家公认的强项,让自己的强项变得突出。

那么,如何判断自己的强项是否突出,优势是否鲜明?

标准就是:以这个强项为主题,你是否能写出一本书。

一本书大约有 10 万字。对于"是否能写出一本书"这一标准,没写过书的人中,很多人会认为:"这个标准并不高,很容易啊。"而写过书的人普遍会认为:"这是一个相当高的标准了。"这是我经过采访调查得出的结论。两类人有两种答案,其差别就在于,二者心中是否有"10 万字"这个概念。关于这一点,一位图书编辑曾跟我聊到:

"之前,我们有一个企划,以一些从事有意思的工作的人为对象，出版他们的人物传记。如果对方特别忙，我们会花十几个小时对他进行采访，再由撰稿人整理采访内容，编写成书。但是我们发现一个问题，一旦采访内容成文，从中间部分开始就仿佛是在重复前面的内容，因而该稿件就不能成书。像这样的情况有很多，在5万字左右的地方似乎有一堵墙。"

让我们试着思考一下跨越这堵墙的方法吧。

即使没有写过10万字的书，很多人也应该在博客上或者别的什么地方写过2000字左右的文章吧。

10万字除以2000字，就是50篇文章。

所以，上述的10万字标准可以转换为：针对某一个主题，能否写出50个小标题，并且针对每个小标题能否写成2000字的小文章。如果能写出来50个小标题，就证明你对这个主题已经有了充分的积累。换句话说，这意味着你拥有了某个自己和他人都认可的强项（优势）。

我在对虎型人进行采访的过程中，也多次见证了这一点。本来约好2小时的采访，却经常感觉时间不够用，聊着聊着，一看手表都3小时了，这个时候我还有很多问题没来得及问。由此可见，这些虎型人脑海里的知识储备量都不容小觑呀。

顺便说一下，在采访的过程中我感受到，完成了良好的"从加到减"的虎型人，往往给人一种很从容、很温厚的感觉。有人找他们请示什么事情的时候，他们多数都莞尔一笑，回答往往是"那尝试一下呗""没事儿的，别担心"，甚至会让人有一种被敷衍的错觉。

思考练习

请以"从猫型人到虎型人的进化之路"为主题,写出 30 个小标题,有兴趣的话可以尝试一下。

序号	标题	序号	标题
1		16	
2		17	
3		18	
4		19	
5		20	
6		21	
7		22	
8		23	
9		24	
10		25	
11		26	
12		27	
13		28	
14		29	
15		30	

第5章

从"团队中的怪人"到"革新型人才"

团队中不可或缺的虎型人和猫型人

在了解了团队中虎型人的共同特性和进化成虎型人的方法之后,我们换一个角度思考一下:对团队来说,"打工虎"存在的价值是什么呢?有没有什么事是狮型人做不到,只有虎型人才能做到的呢?

答案是肯定的,那就是成为一个"革新型人才"。

什么是"革新型人才"呢?让我们结合一个小故事一起来了解一下吧。

在第 2 章中,我介绍过曾经徒步铁路沿线的竹林先生,他提出了"起承转合模型",该模型可用于分析团队业务的发展阶段。

▷架设"起型人才"与"转、合型人才"之间的桥梁

"一个公司在业务发展的不同阶段所需要的人才是不同的,如果套用我常常挂在嘴边的'起承转合模型','起'是从0创造出1的人;'承'是从1开始构思全局的人;'转'是在企业飞速发展时期,思考规划企业战略、设定KPI、进行风险管理的人;'合'是将已经成型的企业运营下去并进行改良的人。在我看来,如今活跃在日本大企业中的,几乎都是拥有'转合能力'的人。但是,许多大企业中的业务本身已经进入了衰退期,必须重新回到'起承'的阶段。可是大企业里的人却往往没有这方面的经验,所以他们很困惑。现在很多大企业应该都处于这样一种尴尬的境地。"

虎型人的"嗅觉"很敏锐。他们能够敏锐地察觉到一个公司、一项业务是否已经进入衰退期，是否正在逐渐丧失市场价值。

我请竹林先生展开解释了一下他的观点：

"对于'转、合型人才'，即使让他们去创新，他们也不知道该做些什么。并且，由于'不可以失败'这种观念在他们的内心根深蒂固，所以他们通常不敢挑战新事物。而'起型人才'所做的工作，旁人很难理解，他们很容易被误认为是在磨洋工。一个'转型管理者'，最讨厌的应该就是'起型员工'，因为他们理解不了也管理不了这类人。

"比起公司的企业价值，'起型人才'更倾向于遵从自己所属社群的价值导向。他们对公司的方针其实不太感兴趣，更愿意追赶自己所属的社群、外部的市场以及学术界的发展潮流。他们做某件事的动机往往是源于社会的需求。

"与之相对，'转型人才'非常重视公司内部的价值导向。这样的差异令他们与'起型人才'之间形成了一道鸿沟。而要填补这道鸿沟，需要依靠'承型人才'，比方说，'承型人才'可以举办一个研讨会之类的学术性活动，为'起型人才'和'转型人才'搭建一个能够坐在一起进行交流的平台。

"在当今社会，搭建这样的平台，创造交流的机会是非常有必要的，因为大企业中几乎没有'起型人才'了，反倒是在中小企业和学校等，即大企业以外的地方，聚集了很多'起型人才'。对于'起型人才'来说，能与人力、物力、财力都很充足的大企业合作，是一件很有吸引力的事，合作可以促使双方形成一种互帮互利、各取所需的关系。所以，如果'承型人才'搭建起一个接洽的平台，无论是'起型人才'还是'转型人才'，应该都会很高兴吧。"

"原来如此，'承型人才'能够起到连接公司外部的'起型人才'和公司内部的'转、合型人才'的作用，这对于那些走向衰退的企业进行价值创新以及资源重组是具有促进作用的。"我总结道。

"在国外，很多人都是通过这样的想法，实现了大企业和中小企业的双赢。而要想发挥'承型人才'的作用，我认为必须在团队中加入一个'上位概念'，对团队进行重新整合。"

"加入'上位概念'是什么意思呢？"我好奇地问竹林先生。

"有一段时间，我被派去管理一家提供电子产品的代工服务的公司。那家公司的主营业务是承包组装基础设备。公司里几乎所有的员工都认为自己属于制造行业。

"我一开始也是这么认为的,但重新查阅了经济产业省[①]对于行业的官方分类后发现,这个行业归属于'服务业'。确实,公司名称'EMS'是 Electric Manufacture Service(电子制造服务)的缩写,但我还是不太理解为什么它属于服务业。在百思不得其解的情况下,我就把这个问题放在了一边,决定先用3个月左右的时间了解一下公司员工和顾客的情况再说。

"我发现经常有订货的甲方来参观我们公司的生产线,而且他们不是顺道过来,而是特意来参观组装流程的。这是为什么呢?我意识到:可能在客户眼中,他们购买的不是物品,而是组装的过程。

"因为我注意到他们在参观的时候,手上会拿着一张检查表。我很好奇上面都写了哪些检查项目,于是就要过来看了一下,发现顾客看重的点和我们平时的管理重点并不相同。后来,我跟员工们说,我们工厂今后的目标就是,努力让客户在参观后,在检查表上画更多的'√'。"

"你们重新辨认并洞悉了顾客的需求,对吧?"我明白了他要跟进的重点。

"是的。那个时候,我终于顿悟了,为什么我们属于服

[①] 经济产业省隶属日本中央省厅,前身是通商产业省。它负责提高民间经济活力,使对外经济关系顺利发展,确保经济与产业得到发展,使矿物资源及能源的供应稳定而且保持高效。

务行业，而不是制造行业。认识到了这一点之后，我决定以经营旅店的思路和方法来经营管理我们的工厂。对每一位来到我们工厂的客人，全体员工都要满怀热情地打招呼，让客人度过愉快的时光。我作为社长，要扮演的就是旅馆老板的角色，所以我必须带头跟客人打招呼。

"之后，我们还把天棚一角漏雨的污渍也清理了。我跟员工说：'就算伊势龙虾再好吃，你们去三重县（日本地名）旅游的时候也不愿意住在服务态度不好、房间天花板上有污渍的旅馆吧。'"

"您解释得很通俗易懂。"我回应道。

"在那之后，发生了一件不得了的事情。我永远不会忘记，那是次年6月的一天，早上，我在总经理办公室接到了前台打来的内线电话，问我今天有几位客人来参观。我回答说：'3位。客人到了叫我一下，我去打声招呼。'当时我就觉得有点奇怪，以往前台是不会关注这个的，结果我打算出门迎接客人的时候，发现他们在门口摆放了3双拖鞋。他们还跟我说，他们觉得一家旅馆应该提供这样的服务。我听到后大受感动。

"于是在第二天的早会上，我跟大家分享了这件事，之后大家纷纷行动起来，比如在车间摆放了鲜花，立起了精致的欢迎板，等等。不久后，连客人用的厕所都安排上了。

"客人们也很高兴，都说感觉好像来到一个高级酒店似的。说起来您可能不信，就是从前台为客人准备拖鞋的那个月开始，我们工厂实现了单月盈利，扭转了一直以来的亏损局面。"

"好厉害。员工们自己动脑筋、想办法在业务上做改进，他们工作起来也会更开心吧。"我深表认同。

"是的。后来，甚至有员工开始思考一些划时代的战略，探索如何改善我们的服务模式，公司的业绩也在这个过程中不断攀升。其实在这个过程中，我做的事情很简单，只是为大家传递了一个核心理念——我们是服务业，要提供像旅馆一样的服务。

"还有一次，我在食堂和员工一起吃午餐的时候，听到很多员工反映，不知道自己生产的零部件具体用在了什么地方。我便告诉他们，我们生产的是农具上使用的重要零件，当地常用的一些农具上就装配了我们的零件。我还给他们看了媒体的相关报道，让员工知道自己的工作为社会创造了什么样的价值。虽然我做的只有这些，但我觉得产生的影响不容小觑。"

让员工了解自己所从事的工作为社会提供了什么价值，可以提高他们的工作积极性，也能提高团队整体的业绩。这果然是"嗅觉"敏锐的虎型人能够想到的招数啊。

▷ 重新布局公司业务和组织形态

仔细想想，一个公司的业务过时了，不就等同于公司的组织形态过时了吗？对于这个问题，我也询问了一下竹林先生的看法，他告诉我：

"在管理电子制造服务工厂期间，我有一个习惯。从就任社长的那天开始，每天早上我都会花上 30 分钟左右的时间在厂区里走一圈，并向遇见的每一个员工道早安。在古代，'打招呼'被叫作'挨拶（读音 āi zā）'，这原本是一句禅语，指的是上位者为了解下位者的状态而主动跟他们说的话。所以，早上跟员工打一声招呼，我可以通过他的回应了解他今天的状态好不好。就这样，坚持了一段时间后，我发现公司内的氛围在潜移默化中也发生了变化。"

"站在员工的角度来看,他不知道今天上司的心情好不好。倘若上司心情不好,自己主动上前打招呼会很危险。而上司主动打招呼的话就不同了,这样或许有助于提高员工内心的安全感。"我回应道。

"没错。另外,在厂区里,我会边走路边捡起地上的垃圾。相较于发通告要求员工注意厂区清洁,在早会上拿出我当天早上捡到的垃圾给他们看,这样应该更有效果吧。传递核心理念、打招呼、捡垃圾,这就是我的三大职责。"

"我还想问一个问题。想必在这之后,您的公司实现了进一步的优化升级,那么现在,您在公司中处于什么样的位置呢?"我追问。

"就我的感觉而言,我现在在公司里就像灵魂出窍了似的。身体虽然还在公司里,灵魂却在外面观察着包括自己的身体在内的公司全貌。

"我每天都到公司去上班,但是我思考问题的角度却是从外部视角出发的。其实,从外部视角来观察公司,反倒更能够看清楚自己的公司有什么优势。相反,如果把自己一味地封闭在公司里,考虑问题的视角会很容易偏向于'我们公司怎么才能在竞争中取胜'。但如果站在公司外部,统观全局的话,思考问题的角度就变成了'我们公司可以为社会提供什么价值',也能够涌现出更多的创意。"

"哦，从外部视角出发，就可以意识到我们现在要关注的并不是同行竞争，对吗？"我向他确认。

"正是如此。不再想着争抢小小的蛋糕，而是想着把蛋糕做大。步入这一阶段，企业之间会更容易实现共创与合作。"

"一个普通人，如何才能享受工作？对于这个问题，您有没有什么建议呢？"

"我建议大家像我一样'走起来'，即使是在公司里走一走，跟别人打个招呼、问候一下也可以。归根结底，必须用身体去体验，用自己的脚走过、用眼睛看过、用耳朵听过，这非常重要。因为有些东西，如果不亲力亲为，你是发现不了的。并且在你开始注重亲身实践以后，工作会有很大的变化。这些都是我的经验之谈。"

当虎型人在团队里位居高位的时候，他们不会像狮型人那样一味地站在顶端向下俯瞰。虎型人的视角更具多样性，他们既能亲自下基层了解情况，也会跳出组织架构，从外部观察公司全貌。

他们在这种多样的视角下，可以获得许多新的发现，同时虎型人也可以肩负起对公司内部过时的业务、过时的组织架构进行重新整合的职责。

▷启动新项目，放手老项目

关于"虎型人可以成为革新型人才"这个论点，我们再看一个事例。

户村是我的一个老朋友，我们认识 20 多年了，他在一家大型电玩公司上班。我的印象中，他的工作内容和所属部门好像一直在变动，我真的搞不懂他在做什么。

时隔一年多，我们又见面了。户村告诉我，他的工作就是不断地启动新项目，放手老项目，循环往复。这说明他是个名副其实的"起型人才"。而且，听说他们公司的新项目在成立初期，基本上都只由他一个人负责。

"我经手的很多项目，最开始的时候，并没有正式立项，领导只是用很轻松的语气跟我说'这个事情，你先想想看'。在项目的摸索阶段，我都是孤军奋战的。我认为自己的工作就是'建立方程式'，比方说在 X、Y、Z 这些条件下，建立一个什么样的'方程式'才能为大家创造更大的价值呢？我需要思考清楚，并提出方案。"

"您的任务是构建一个能创造价值的资源组合，对吧？"我向他确认。

"是的。为导出这个'方程式'，当我还在摸索尝试的阶段时，不会动用公司太多的人力、物力、财力，这样即便失败了也不会给公司造成太大的损失。只有当我确认应该没问题了，这个'方程式'肯定成立的时候，才会让公司给我配备人员，并且给这个项目设定一个有冲击力的目标。我很重视这个顺序。但是，当这个项目真的声势浩大地做起来的时候，我已经不在那里了。"

"因为您已经开始去做下一个项目了，是吗？"我问道。

"是的。我总觉得自己像团队里的一块砖，哪里需要就往哪里搬。当我觉得手头的工作做得差不多的时候，总会有新的项目召唤我，总会有人跟我说'有这样一个还不成熟的课题想跟你探讨一下……'。其实这也是我们公司的一个魅力所在，虽然不知道结果怎样，但是愿意让员工去尝试，给员工留下了一定的期待空间。"

"公司里是不是有很多人找您帮忙？"我问道。

"是的,外部也有很多人来找我商量事情。商量的内容和形式都是多种多样的,甚至还有和我的专业领域完全无关的内容。有的人会带着他做的技术模型来问我的意见,也有的人会带着一个初期的构思来找我商量。

"兴许帮人出谋划策的过程中,他们对我有了一定的了解,一传十,十传百,我的圈子得以不断扩大。可能正是这个原因,让我最终形成了'被调遣'的职业路线。"

像户村那样,虽然自己并没有举手说想要被调动到某一个岗位,但是公司启动新项目的时候,就会派他去。这正是团队里虎型人的典型职业路线。

看户村的社交软件,会发现他一会儿因公去参加了漫画展览会,一会儿又去了世界杯的非洲会场。好像大部分时间他都在出差,很少待在办公室里。

"我想尽可能亲眼看到、亲耳听到参会人员和客户的真实反应和反馈。那时之所以去漫画展览会,是因为我被调到一个新的部门,没什么紧急的业务,所以能抽出时间参与到营销的第一线。那时,如果幕张国际会展中心或国际展示场有漫画展览会,我就会去帮忙,跟大家一起发发传单。当客人们排起了蛇形长队的时候,我会帮忙维持秩序,我还被焦急等待的客人骂过。这些经历让我认识到，想要做与传媒有关的业务，在前期的准备阶段，必须身体力行地去体验和感受。

"去非洲世界杯的时候，我们一行人在当地逗留了两周左右，见证了以防治艾滋病为主题的一项公益宣传活动的成功，在把该项目顺利地交接给当地的非政府组织之后，我们回到了国内。"

"您刚才提到，正式立项之前的准备阶段，经常只有您一个人在负责，意思是领导并没有把您调任到某一个部门，而是让您以兼任的形式启动新项目，是吗？在项目进入正轨之后，公司才成立了相应的部门，是这种顺序，对吗？如果是这样的话，那确实是虎型人经常会经历的流程。"我发现他的经历非常典型。

"是这样的，您理解得完全正确。在项目准备阶段，孤军奋战也没什么不好，因为就算进展不顺利，也只是我一个人的损失而已，波及范围不会很广。而如果项目进展顺利，公司自然会投入更多的资源。

"在我看来，启动一个新的项目，就如同登月一般，战战兢兢又满怀兴奋地踏上处女之地，放眼四周，空无一人，只能一边自我鼓励，一边跋涉前进。我踽踽独行虽然艰难，但如果一开始就得到了公司的很多资源，也不一定是什么好事。"

"那样的话，压力会很大，对吧？"我问。

"对，对。所以在项目初期，我通常会把它控制在一个较小的范围内，等项目基础相对成形之后，再慎重地扩大人员规模。在推进一个项目的时候，必须考虑公司的方针、战略，员工的积极性等因素，行动上要适应当时的环境条件。我的工作其实就是，对于上级抛出的一个抽象的目标，发现问题并提出解决方案。

"比较庆幸的是，到目前为止，我给出的方案，还没有人反驳说'你的想法太荒谬了'。而且，后期接手项目的负责人也大都非常认可我的方案，并且按照这个方案在推进。"

"您是如何做到这一点的呢？"我不禁好奇地问。

"可能我在潜意识里，一直在衡量什么样的方案适合我们公司。我会根据公司的价值理念提出方案，所以更容易被接受。另外，还有一个比较大的因素，就是我们公司能够在很大程度上认可一些有突破性的方案，由此形成了较为宽松的企业氛围。"

只有深刻理解了公司的价值理念，才能顺利地将自己亲手做出来的"起承工作"传递给负责"转合工作"的同事们。

▶做现有业务做不到的事情

在团队里，虎型人开启了新业务，对团队来说有什么样的意义呢？

在第 2 章中，我介绍过一个为了建立人际网，亲自会见了 100 位创新型企业家的故事，该故事的主人公齐藤先生跟我谈道：

"虽然我们公司的两大支柱业务是咨询和提案，但是我们组既不做咨询服务，也不负责给客户提供解决方案。在我看来，我们组的存在意义是：从这两大支柱业务无法实现的角度，进行有我们公司特色的品牌宣传。无论是花 3 年多的时间结识 100 位创新型企业家，还是将创新的精华活用于创新型地方建设的第一线，开展全新的事业，都是一些既费时又费力还不赚钱的工作。所以在企业的传统业务范畴里，是不会涉及这些工作的。但是，为了向社会传递我们公司的价值理念，这样的工作又是非常有必要的。"

"从公司的支柱业务的角度来看，上述的那些活动是不赚钱的，但是公司又没有给这些活动分配大量的资金，对吧？"我跟他确认。

"是的，这些活动既不属于慈善事业，也不是企业的社会责任活动。我们在各个地区推进创新项目的时候，其运营费一般是从当地的金融机构、企业或行政单位当中筹措的，但是该费用远低于常规的咨询费。其中的差价则由我们公司以提供劳动服务的形式来承担，因为我们公司也是创新型地方建设的一个助力者。"

"每个地区的项目资金来源都是一样的吗？"我问道。

"不是的，每个地区的项目资金的构成各不相同。最开始在十胜（地名）启动的创新计划，是在三家金融机构的赞助下实现的。我们以为这种方式在其他地区也可行，于是在开展冲绳的项目时打算用同样的方式进行，结果并没有成功。虽然我们常说要'水平展开''横向展开'，但实际上每个地区的资金构成是不一样的。"

"这种共创型的工作，只有在合作伙伴之间意气相投的情况下才能顺利开展。所以，合作的对象不同，工作方法也会有差别。我觉得和没有激情的人合作，肯定不会顺利的。"我感慨道。

"正是如此。之前在十胜的成功模式在冲绳根本行不通。为此，我中途几乎要放弃了，但还有一个人没有放弃。他跟我提议：'我想去冲绳的一些企业拉拉赞助，请他们为创新型地方建设出点钱或者出点力，为冲绳当地的发展做点贡献。'周围人听到这个提议后，都说：'从地方的中小企业那里怎么可能筹集到资金呢？他们大多数都在等着国家的补助金呢。'

"'国家为冲绳提供了大量的补助金，将那些补助金有效地利用起来，不是更有效率吗？'在这种思路的指引下，我们一起拜访了几十家企业。就在拜访完第 18 家公司的时候，我们终于筹措到了运营费，也邀请到了该企业年轻的管理者参与我们的项目。"

上述这些由虎型人开创的新业务，由于运行起来费时费力且不属于常规业务范畴，在传统支柱业务的框架下往往难以开展起来。但是这些新业务对一个公司来说却有着重大的意义，必须有人推进。因此，虎型人在团队中存在的价值便显而易见。

▷摆脱支柱业务的束缚

做支柱业务无法完成的事情,其实有很多方式。我在第 2 章中介绍过创制了"测量城市感官指数的调查表"的万丈先生,他跟我聊到了"与公司的支柱业务唱反调"的方式。这其实是一种可能会与现有客户产生摩擦的方式。

"房地产市场稍有变化,人们生活中的风景就会发生很大的变化。因此,我想要抛出一些问题,让建筑、房地产相关产业,甚至是整个城市变得更美好,让人们生活得更幸福。"

"'抛出问题'指的是?"我不禁好奇。

"我在 2008 年撰写的题为《提升二手房交易活跃度》的建议报告中抛出了一个很有代表性的问题。当时,社会上鼓励新建住宅的理念占压倒性的优势,二手房的交易量很少，国家和学者对此进行了各种讨论。但他们讨论的内容，我作为一个消费者是不太理解的。因此，我就从消费者的视角出发，提议进行'二手房改造'。因为在欧美一些发达国家，二手房的交易市场十分活跃，我觉得日本也应该努力促进二手房的改造和使用。但从某种意义上来说，这是对新楼盘的开发模式提出了质疑，所以可以预想到，肯定会遭到业内人员的反对。

"但是公司的高层却对我说：'虽然现在很多人可能还不太理解，但是市场的潮流迟早会朝着这个方向转变。公司没有对你的团队进行太多限制，希望由你们开始发声，来推动这个项目。'倘若公司现在就声势浩大地进入二手房改造领域，容易与现有客户产生摩擦。但是，未来二手房改造市场的扩大又是大势所趋。

"所以我们团队的任务是：率先开展相关的工作，并与业界建立联系。于是为了撰写相关的报告，我跟之前没有过交集的设计工作室和负责住宅改造的房地产公司建立了联系，在和他们逐个单独交谈后，我发现其实他们都有着同样的问题意识。

"我问他们：'关于这个问题，你和业内相关公司有过沟通交流吗？'

"他们都回答：'没有交流。'

"我就提议：'那我们就一起交流一下吧。'

"于是我建立了一个联络会议，以促进大家的交流。自那时候起，公司高层就对我说'你可以自己放手干，不需要请示'。"

"作为一个跨公司社群的关键人物，在开展工作的时候，确实需要一定的自由裁量权。但是要想获得这种工作上的自主权，必须深刻理解公司的价值理念，以及公司在社会上存在的意义，对吗？"我问。

"一个人在工作中的信念感，来自他的世界观，即对人类社会发展的理想状态的哲学思考。不是把产品卖出去，就可以了。这种世界观，对每天只关注销售额的人来说是很难形成的。虽说为面前的每个客户提供最适合的产品和服务非常重要，但是只盯着这一点闷头向前冲的话，一旦猛地停步环顾整个世界，便会自我怀疑'这样做真的对吗？'，因而犹豫徘徊，止步不前。

"'个人意志高于上级命令'这个说法虽然让人觉得有点装模作样，但将自己的价值观和在公司里需要履行的职责不断地进行磨合，是我一直很注重的一环。"

就这样，支柱业务的从业人员无法进行的变革，由团队中的虎型人以企业未来的发展方向为指向逐步推进。

▶脚踏实地地播种

"革新型人才"这个叫法,听起来虽然很炫酷,但是他们每天做的事却是非常朴实的。说到底,就是播下种子、培育种子,在即将收获的时候,交接给别人,自己又在新的地方开始新一轮的播种。

我问过渡边先生:"您的工作是否有很多难以被周围人理解的地方?"

他回答道:"处于播种阶段的时候,绝对不会有人称赞你。倘若事先设定好了KPI,并在此基础上进行播种,尚且可能得到一定的认可。但是如果没有KPI,其他人就很难理解我们在做什么,甚至没有任何依据可以用来评价我们的工作成果。所以,在丰收之前,是不会有人夸奖我们的。相反,还会有人说'你们自由自在的,多好啊'。听到这样的话，我就忍不住想要反驳他们。"

"在播种时期，很难得到上级和同事的理解和认可，只能从客户说出的那句'谢谢'中获得能量。"我想起之前听到的观点。

"确实如此。我坚信自己现在做的事情，一定会对社会和公司有贡献，所以不管别人怎么说，我都会继续播种。"

"而且，播种后的收成怎么样，别人也很难知道，对吧？"

"有的时候，在我们看来是有收获了，但别人可能会说'这是什么，能吃吗？'，对我们的成果敬而远之，抑或是认为我们培育的是没用的'杂草'，从而对我们的存在感到匪夷所思。"

"啊，我能理解！倘若你跟对方解释：'不，这不是杂草，是优良的灯芯草，用它制作的榻榻米很结实。'对方还会跟你生气：'我们种庄稼的都忙得脚打后脑勺了，你却在种这种吃不了的东西。'但我们之所以这么做，是因为公司的理念是丰富日本文化，我们是在践行和传达这一理念。您有这种感觉，对吧？"我举了一个例子向他确认。

"是的，是的，正是如此。有人能理解，我真的很高兴。"

目光长远的管理者可能会比较认可虎型人的工作，因为他们能够认识到：虎型人的工作价值不在于完成短期的KPI，而是致力于企业的长远发展。但也是由于这个长远性，没有一个明确的数字指标可以去衡量，使得虎型人经常不被周围的同事理解，难以融入团队，这也确实让他们感到苦恼。

▷虎型人在团队中的价值汇总

如果虎型人察觉到企业中的某项业务即将"过期",他们并不会想办法延长这项业务的"保质期",而是会将现有的业务内容和团队资源进行重新整合,以创造新的价值。他们经常深入营销的第一线,观察顾客的反应、倾听顾客的心声,一边勤勤恳恳地播种新的价值,一边在独立的世界观的指引下,架设起公司内外的'起''承''转''合'四类人才相互连接的桥梁。

因此,虎型人作为团队中的革新型人才,在公司的业务或者组织形态进入成熟期(或衰退期)的时候,可以开创出一项新的业务,这也是虎型人在团队中的价值所在。

但是,在公司规模逐渐壮大,自己开发的新业务进入了成熟阶段后,虎型人却很难在这样的团队中继续生存下去,这也是虎型人的宿命。所以在下一章,我将探讨"什么样的环境适合虎型人生存发展"。

第6章

打造一个自律型团队

发挥虎型人和猫型人的作用

前面的内容探讨了对公司来说，让虎型人自由地工作的价值。

倘若在一个公司里，一直以来都把犬型人的工作方式作为唯一行为标准，如今想将其打造成一个适合虎型人和猫型人生存发展的地方，也不是一朝一夕就能实现的。

换言之，适合犬型人发展的企业文化会令虎型人和猫型人感到不舒服。犬型人惯用的工作方式也会使虎型人和猫型人难以施展拳脚。

因此，在本书的最后一章，我将从企业的角度出发，思考一下应该营造一种怎样的环境，才能让看似难以驯服的虎型人和猫型人发挥作用。

另外，营造一种适合虎型人和猫型人生存发展的环境，并不单单指的是"在团队里大家要包容他们的存在"这种浅层的含义。

其实，长期以来，我的一个研究方向便是团队建设和组织建设。在这个领域，最近经常会提到"让员工自主思考、自主行动，打造自律型团队"这一话题。在这一点上，二者不谋而合，营造一种适合虎型人和猫型人生存发展的环境，无疑是在打造一个自律型的团队。

这是什么意思呢？

我想先用"Q&A"的形式，就虎型人和猫型人的几个常见问题，进行整理和解答。

▷关于虎型人和猫型人的几个常见疑问

Q1：若虎型人和猫型人过多，这个团队还能称为"团队"吗？

A：确实，这是犬型人容易担心的一个问题。

读到这一页的朋友，想必已经认识到了一点："啊！我过去对'自由'的理解存在误区！"前文中我已经强调过，"自由并不是随心所欲，无拘无束"，而是"自己独立思考并行动"。

这样的话，我将"自由"替换成"自己独立思考并行动"，重新表述一下上面的问题：

"在职场中，如果自己独立思考并行动的成员过多的话，这个团队还能称为'团队'吗？"

如此一来，这个问题本身就变得有点奇怪了吧。

虎型人和猫型人的增加，不会令团队分裂瓦解。但是，要想提高团队的自主性、自律性，沿用以往的"依靠上级指挥命令的团队运作方式"是行不通的，必须推进团队成员之间形成这样的工作方式，即能够互相提出建设性的建议，进行良性的沟通与磨合。

接下来是一个双重提问。

Q2：若一个人不忠诚于其所属的团队，保持自身的独立和自由，他一定是一个不认真工作的人吗？

Q3：只对虎型人和猫型人放宽约束，允许他们自由地工作，会不会有失公正？

A：有一次，藤野先生——"打工虎"的命名人对我说："我很喜欢日语中的'真面目'一词，现在我们多用它来表达'认真'的意思。但我觉得没有哪个词比'真面目'更脱离其本来的意思了。'真面目'拆解一下是'真正的面目'。'面目'是'face'，那么'真面目'就应该是'real face'。所以说一个人呈现他本来的样子就是'真面目'，因此，在日语中，这个词衍生出'认真'的意思。

"汉语中也有'真面目'这个词，我很喜欢中国宋代诗人留下的诗句："认得自空真面目，逢春叶绿到秋红。"意思是说，无论是春天的绿叶还是秋天的红叶，世间万物只需要展现本该有的色彩和样貌，那便是美好的。

"所以，如果公司要求你去做一件不正当的事情，你唯命是从、委曲求全，这不是你的真面目，自然不是认真。自己有明确的信念，并且践行此信念，即使公司要求我们做一些不义的事情，也能义正词严地拒绝，这才是敢于露出真面目的人，才是认真的人。只有这样的人才能够让团队持续发展下去。

"在当今的日本社会，可能缺少从上述意义上解读能称得上'认真'的人，这着实令我生出了一些危机感，但是我们可以期待虎型人和猫型人成为真正意义上'认真工作的人才'。

"我认为，在一定程度上，自由的人更容易成为认真的人，因为一个自由的人，一定是遵从本心、坚持自我的人，是一个敢于露出真面目的人。而自由的人和认真的人在职场中的行为方式上的共通之处，不就体现在重视客户、不会无原则地向公司妥协这一点上吗？"

按照藤野先生对"认真"的定义来看，犬型人、猫型人、虎型人、狮型人在职场中应该各自保持自己的风格，这样就没有什么不公平可言了。因为所谓的"公平",不应该是让所有人都保持一致,而是让每个人都能保持自己的风格。

或许,越是披着犬型人外衣的猫型人,越容易对那些自由工作的虎型人和猫型人心生不满。因为他们心里会想:"我都在忍耐了,那个家伙怎么还是那么任性?"其实,真正的犬型人是不会有这种想法的,因为在他们的观念里,自己就应该服从指挥命令,并没有在忍耐什么。

这么一分析,在职场中,"隐形猫型人"可能比我们的想象的还要多?

顺着这个思路,就引出了下一个问题。

Q4:我们公司里好像没有虎型人和猫型人,这是怎么一回事?

A:户村先生说过:"我觉得现在的工作环境很舒服。因为在我们公司里,有着共同兴趣爱好的人,无论是谁,不管职位高低,都可以毫无顾虑地自由交流。更让我感到欣慰的是,最近新入职的年轻人也都默认并且适应了这种氛围。"

"你们公司的这种氛围很明显吗?"我问道。

"很明显。在公司里,等级制度作为一种行为规范准则，在一定程度上可以帮助我们立足于团队中，但是我完全没有依赖它。最近刚进公司的年轻人所采用的工作方式，让我觉得公司未来可期。他们会大胆地联系我：'我有一个方案，想听一听您的意见。'他们不被企业的框架以及传统观念所束缚，充满了活力。我对这些年轻人今后肩负起新时代的重任，很有信心。"

如果你觉得自己的公司里没有猫型人的话，或许只是因为在你们公司里，一些年轻的猫型人"屏住了呼吸，披上了犬型人的外衣"。这样的团队是留不住虎型人的，所以倘若你觉得自己的公司里没有虎型人存在，事实可能确实如此。

这样的话，下一个问题就来了。

Q5：团队里应该采用什么样的考评制度呢？

A：万丈先生这样说道："如果将公司的利益组成比喻成一棵大树的话，虎型人负责的业务应该属于大树的外侧枝干。

"因为虎型人的工作往往对团队眼前的业绩不会产生直接的影响，所以我经常觉得难以衡量他们为公司做了多少贡献。虽然在行业内，虎型人的知名度的提升也会间接地为公司拓展顾客，但是其中存在这样一个问题，那就是很难客观地评价他们具体贡献了多少价值。

"制造行业的一些企业中，尚且会认可理工科员工所做的一些基础研究的价值，但是我却只能参考业内和客户的一些评价来判断虎型人的业绩。其实，我最不希望看到的是：公司上层没有经过深思熟虑，便宣布'以后要多多鼓励虎型人的发展'，然后草率地订立了某种考核制度，并实施起来。

"因为虎型人的工作是传递一个又一个的接力棒，所以一个没有长远眼光的领导，如果按照某个固定的考核制度对虎型人进行绩效考核，这本身就是一个极大的错误。"

在一个团队里，当虎型人还是绝对的少数派的时候，团队最起码应该做到不要完全依据短期的、直接的利益贡献度对员工进行考核，并且不要急于将某个考核方法制度化。

其实，有关虎型人和猫型人的常见疑问，归根结底是大众对他们的误解造成的。说实话，现在的社会，还是有人经常把虎型人和猫型人视为"怪人"。

因此，接下来我想总结一下几位虎型人曾跟我说过的话。

我采访过的虎型人当中，也有人曾经是"打工虎"，现在成为"虎型经营者"。例如仓贯先生,他收购了当时自己所属公司的创新事业部,成立了一家创业型公司,从而当上了社长。此外,在第 2 章中我介绍过的县政府职员都竹先生,他后来被当地政府推举,参加了市长竞选,并最终当选,成了一位虎型市长。

显然,这些虎型领导者所带领的团队,更容易营造出一种有利于虎型人和猫型人生存发展的环境,所以他们可以带给我们很多关于如何打造自律型团队的启发。

总的来说,作为团队管理者,与其思考应该做什么,不如去思考不应该做什么。因为打造自律型团队的具体实施手段虽然千差万别,但是不可以做的事情却是一样的。

▷打造适合虎型人和猫型人发展的职场环境，不要做的 9 件事

如表 6-1 所示，我听取了一些职场中现役"打工虎"的心声，在此基础上总结出了"打造适合虎型人和猫型人发展的职场环境，不要做的 9 件事"。

1. 不要强制成员们进行统一的行动

虎型人和猫型人不喜欢刻意与他人保持步调一致，不喜欢跟别人统一行动。

不要让他们去参加一些可有可无的定期会议。如果某个会议，他们觉得有必要参加的话，就算不邀请，他们也会出席会议。要向他们共享一些信息的时候，只要给他们发邮件或者把文件上传到系统上，他们自己就会去看。

表6-1　打造适合猫型人和虎型人发展的职场环境，不要做的9件事

① 不要强制成员们进行统一的行动。
② 不要用命令式（唯一选项型）的规定束缚他们。
③ 不要过分强调"菠菜法则"。
④ 不以投票（少数服从多数）的方式决定是否采纳某个创意。
⑤ 不完全以短期贡献或直接贡献为标准，对员工进行考核。
⑥ 不要给员工施加同调压力。
⑦ 不要轻易让猫型人、虎型人与他人竞争，也不要试图用金钱和地位来诱惑他们。
⑧ 不要禁止员工从事副业。
⑨ 不要让他们被孤立。

不要试图拉他们进入任何派系。虎型人无论在什么时候，都会依据自己内心的标准，做出判断并采取行动。即使你觉得他们已经加入你的派系了，不久后就会发现事实并非如此，然后你去质问他："你为什么要背叛我？"这样的交涉，对你们双方都是一种无谓的消耗。

虎型人希望他们所属的团队是一个允许员工"出风头"的团队。我有一个朋友，他所在的公司以"自律型团队"而著称，他曾说过这样一句话："我们要从一个'打击'出头鸟的社会，变成一个'打动'出头鸟的社会。"

"打动出头鸟"，这个说法我非常喜欢！

2. 不要用命令式（唯一选项型）的规定束缚他们

在非必要的情况下，不要制定一些命令式（唯一选项型）的规定，要求员工一定要如何如何做。因为对于这样的规定，虎型人和猫型人可能会说："为什么一定要按照A方式做呢？B方式不也挺好的吗？"然后你回答他："这是规定，别的方式不行。"类似这样的交涉多次发生，也是一种内耗。

虎型人和猫型人喜欢边界线型的规定，即设定一个范围，只要在该范围以内，员工怎么做都是他们的自由。

其实，作为团队来讲，只需要将团队的理念、为客户提供什么价值,以及要求员工遵守的行为规范明确出来,虎型人和猫型人就能够判断出来哪些事情可以做,哪些事情不可以做。这样既给他们留出了一定空间,让他们可以自由地工作,又不会让他们与周围的人发生摩擦和冲突。

3. 不要过分强调"菠菜法则"[①]

当猫型人、虎型人和公司外部的人商谈业务的时候,会很重视商谈的流畅度和决断力,他们经常会当场表态"这个方案应该没问题""我们就这么实施吧"。虽然经常有人会在与公司外部的人进行商谈的时候说"我要回公司请示一下"这样的话,但虎型人一般不会说出类似的话。他们更倾向于当时做出决定,给出答复。所以请不要过度跟他们强调"菠菜法则",也不要因为他们没有提前向上级请示某件事,就不分青红皂白地叫停这件事或他们为此正在进行的工作。

但是,不过度强调"菠菜法则"与视若无睹、不予理睬是两回事。由于虎型人和猫型人喜欢待在于基层、一线或

---

① "菠菜法则"是日本企业管理中最为普遍的一个法则,主要体现在"报告""联络""商量"这三个词上。由于这三个词第一个字的日语发音与"菠菜"的日语发音完全相同,所以人们把它戏称为"菠菜法则"。它的正式名称其实是日本企业管理基本法则。

者团队的边界地带，甚至团队外部，因此他们能够掌握丰富的第一手信息。但是他们又不会主动跟那些看起来很忙的人分享他们获得的信息。长此以往，难得的一手信息往往就浪费了。

虎型经营者仓贯先生提倡将"菠菜"变为"杂草"[①]，即将"报告、联络、商量"转变为"闲聊和商量"。其实，一个团队根本不需要报告和联络，因为只要在团队里确立"共享信息"这一原则，每个人都有了共享信息的意识，就会自觉地把需要报告和联络的事项上传到公司的共享系统里。大家只需查看上传的内容就可以了，不需要刻意报告或联络。

对于团队来说，真正应该做的是闲聊和商量。因为在闲聊的时候，会营造出一种适合讨论的氛围，成员顺着闲聊的某个话题就可以脱口而出："这么说来，那件事我一直有一个疑问，你帮我参谋参谋呗……"类似这样的交流，对于提高团队的工作效率，功效显著。

在此需要强调一下，虽然我常说闲聊很重要，或是要重视闲聊，等等，但是仅仅依靠员工们之间的闲聊并不能提高团队的工作效率。闲聊之所以重要，是因为它有利于营造出

[①] 在日语中，"闲聊"和"商量"第一个字的发音与"杂草"的发音相同。

一种适合商讨工作的氛围。因此，请试着主动跟虎型人和猫型人说："聊 10 分钟？""最近怎么样？"他们打开了话匣子后，相信你也可以得到很多有用的信息。

我非常推荐"杂草法则"，当"杂草法则"在一个团队里扎根时，这个团队里成员的自主能力一定会得到飞跃性的提高。

4. 不以投票（少数服从多数）的方式决定是否采纳某个创意

虎型人和猫型人往往是团队中的少数派（虎型人更是绝对的少数派），所以针对他们提出的某个方案，如果以少数服从多数的方式决定是否采纳，基本就等同于否决了他们的提案。而且，如果因为"没有先例""可能会产生某些问题""失败了该怎么办呢"等对于未知结果的担忧，就轻易地否决猫型人或虎型人的提案，那他们也就没必要再提什么新方案了，因为无论什么新方案，结果都是未知的。

对于一个新的提案采纳与否，团队应该建立一个基本的决策机制。首先征集大家的意见，包括大家认为该提案可能会出现什么样的问题，实施起来具体有什么阻碍，等等。在此基础上，根据反馈，再做出一个明确的规定，明确下一步的执行方案。例如：如果 48 小时以内没有异议的话，就正式推进这个项目；如果有异议或者认为有潜在的问题或风险，那就积极思考如何解决这些问题，积极探索创造什么条件能推进这个项目。在这个过程中，还应该设定一个底线，在底线范围内进行协商和调整。我们要营造一种不阻碍创新与挑战的团队氛围，在这样的团队氛围中，虎型人和猫型人会更加积极地做出成绩来。

另外，他们最喜欢听到的话是"你放手干，责任我来承担"。

5. 不完全以短期贡献或直接贡献为标准，对员工进行考核

不要万事皆以 KPI 论成就。因为有很多没有 KPI 的隐形工作，对于这样的工作，团队也要给予关注和认可。

本来 KPI 就是针对一些已经知道每一步该怎么做，或是已经有了固定模式的业务而设定的进度管理指标，并不适合那些尚且处于摸索阶段的业务。

在绩效考核上，团队也需要重视和认可那些"播种工作"和"煽起大风的工作"。这是什么意思呢？

虎型人和猫型人喜欢做一些"播种"的工作，他们经常为两年后的丰收而在此刻辛勤播种。同时，他们在工作的时候也能够认识到，"团队现在的收成，是两年前播下的种子

结出的果实"。

但是，当种子开花结果，可以收获的时候，他们已经在新的地方开始了新一轮的播种，因而，在很多情况下，丰收的功劳会落在别人身上。日本有一句谚语是"大风刮来个聚宝盆"，意思是在刮大风的季节，卖木桶的人生意会变好，因为这形成了一种连锁反应：

> 刮大风→尘土飞扬→飞进人们眼睛里→失明的人增多→三味线[1]的需求增多（因为当时在日本弹三味线的大多数为盲人）→猫减少→老鼠增多→老鼠啃木桶→卖木桶的人生意会变好

可是当木桶店赚钱的时候，已经不会有人记得这是大风的功劳了吧。

对于这种没有直接因果关系的"煽起大风的工作"，如果一个团队能给予足够的尊重，虎型人和猫型人会更乐意付诸心血、不辞辛劳。

---

[1] 三味线又称三昧线，是日本传统弦乐器，与源自中国的三弦相近。琴身正反面蒙着猫皮或狗皮，其传统制法是使用一整张猫皮。

6. 不要给员工施加同调压力

不要通过施加同调压力的方式让员工服从命令。如果有员工问："为什么要求我做这件事？"请不要回答"这是上级的要求""大家都要做"，或是"这还用问吗"。类似这样的答复其实就是试图用施加同调压力的方式来管理虎型人和猫型人，而使用这种方式是达不到理想的管理效果的。

想要调动虎型人和猫型人的积极性，必须先说服他们，让他们心悦诚服。因为如果他们不认同某项工作，是不会付出一分一毫的努力的。相反，一旦他们认同了某项工作，那么即使上级不做任何要求，他们也会努力完成。即使在这个过程中遇到一些困难，他们也会主动想办法克服。

7. 不要轻易让猫型人、虎型人与他人竞争，也不要试图用金钱和地位来诱惑他们

当公司推出一个新产品或一项新服务的时候，经常会开展一些类似于"员工亲友促销活动"的营销比赛，并给优胜者颁发奖金或奖品。有些人一听说有奖励就跃跃欲试，但是虎型人和猫型人则不然。就像第6条中提到的那样，如果他们认可了某件事的价值和意义，不需要别人的监管和督促，他们也会努力去做。反之，他们则会不为所动，甚至一些本来还有可能打动他们的工作，公司如果以金钱或地位作为诱

饵，反倒令虎型人和猫型人失去干劲，因为他们的职业自尊心要求他们不能为了这种蝇头小利去工作。

要想激发虎型人和猫型人的干劲，不要跟他们说"这个产品或这项服务预计会为公司创造多少利润"，而是应该热情高涨地告诉他们"这个项目会为客户带来多大的利益"。

8. 不要禁止员工从事副业

公司之所以禁止副业，无非是想要预防员工因为无法合理安排时间而影响本职工作的情况发生。所以，这种制度存在的意义，主要是针对那些还处于加减乘除法则的加法阶段，尚且不能自己独立思考，工作上仍然需要依赖指挥、命令的人，或是自我管理能力比较差的人。

其实，副业也有"加法副业"和"乘法副业"之分，当你到了乘法阶段时，无论是公司内部还是外部，都会有人主动邀请你合伙做一些事情。处于这个阶段的人，倘若在副业中获得了什么启发，他也有能力将其运用到他的本职工作中。

不能把这样的"乘法副业"与那些自我管控能力差的人过于热衷通过副业赚零花钱，从而影响本职工作的情况等同看待，倘若公司把"乘法副业"也一刀切地禁止了，就有点过度限制员工的自由了。

顺便说一下，即使虎型人所属的公司禁止副业，他们也会想办法发挥自己的优势，在业余时间做一些对社会有益的事情。比如以志愿者的身份参加一些非营利组织[1]的活动，或者为一些创业公司提供无偿帮助，等等。

另外，在虎型人心中，自由的价值远远高于金钱的价值，所以如果公司可以给予他们一定的自由，那么即使薪资不高，金钱的报酬不充足，他们也不会太在意，因为他们可以通过副业收入进行弥补。这样一来，无论是对虎型人自身还是对公司都是有好处的。

即便是一些尚且处于加法阶段的人，像第4章中我介绍过的那样，为了让他们积累一些"一贯式"的工作经验，副业于他们未尝不是一种很好的选择。

9. 不要让他们被孤立

虎型人在团队里容易被孤立。

就像前8条提到的那样，他们不喜欢与别人保持步调一致，偶尔还会违反规定；经常不请示上级，擅自做主；提议做一些史无前例的事情；所做的工作往往对提高团队当月的业绩没有什么助益；如果你跟他说"这是上级领导的命令，

---

[1] 非营利组织，英文全称 Non-Profit Organizations，简称NPO，是不以营利为目的的商业组织，它强调"公共资源"。

大家都要执行",他们还会闹性子;公司内热火朝天的营销竞赛,他们也不积极参与,反倒和公司外部的人愉快地搞副业;他们还经常泰然自若地插手其他部门的工作。

即便如此,也请不要立刻就对他们说:"不要擅自插手我们的业务,你这是违规、窥探公司隐私。"而是要先让他们解释一下以下几个问题:为什么要这么做?有什么用意?对于这个项目,今后有什么长远规划?该项目的回报是否大于成本?

为此,他们一定会打开话匣子,跟你聊起涉及客户需求、公司业务长期持续发展等方面的重要话题。

只有不孤立虎型人的团队,才是一个能够创新的团队。如果一个团队能让虎型人开心地工作,猫型人也一定会表现得生龙活虎。所以请不要让虎型人被孤立。

▷给快乐工作的人一定的约束，给认真工作的人一定的自由

至此，我以猫型人、犬型人、虎型人、狮型人四种类型为基础，对职场的工作方式进行了探讨，并着重分析了"如何自由地工作""如何让团队自主地工作"。

由于这四种类型的人各自的强项不同，他们向往的职场氛围也是不同的，所以如何建设自律型团队并没有什么标准答案。进行合理的团队架构和安排，让每个成员都能发挥自己的特长，并做出相应的贡献，这便是一个真正和谐的团队。

针对如何推广"自由的工作方式"，我经过反复思考后，最终找到的答案是：给不热爱工作的人自由，他们会偷懒；给热爱工作的人自由，他们会更加努力地工作。但是有

一点需要注意：有的人喜欢挑战一些"还没成形的工作（入不敷出的工作）"，如果过于放任他们，项目容易有始无终，所以必须建立他们与团队相互联动的机制或规则，这样才更容易让项目有始有终。

而对于那些兢兢业业地做着"过期业务（虽然目前还没有亏损，但是已经有亏损的苗头，没有未来可言的工作）"的人，如果让他们一直保持现在的工作模式的话，也并不能做得长久，所以要让他们接触一些新的业务，才更容易干得长久。

比如，虎型人虽然能够力排众议，开创全新的事业，但是他们缺乏耐心，并且不擅长项目步入正轨后的运营和维护。如果让他们处于过度自由的环境下，他们可能建立起某个项目没多久，就离开去做别的事了。因此，团队里必须有一部分人擅长后续的运营和维护，双方配合，公司才能稳步发展。

而运营和维护，正是犬型人所擅长的。这样一来，虎型人的不足之处，犬型人就可以弥补了。相反，在公司变革时期，犬型人所欠缺的，虎型人也可以补足。

也就是说，如果一个团队里齐集了犬型人、猫型人、虎型人以及狮型人，就有利于打造一个"自由且有章法的和谐团队"，而不是"丧失了自由的同调"。这样的团队才是更加健康的、可持续发展的团队。

总结来说，在团队管理上，我认为应该做到以下两点：给快乐工作的人一定的约束；给认真工作的人一定的自由。

在本书的末尾，我想对一个常见问题进行解答，以 Q&A 的形式来结束本书的内容。

Q：一个团队培养出了虎型人，就不担心他们跳槽或者自己创业吗？

A：虎型人有实力，还有很多外部的人脉资源，他们不离职，会是因为什么呢？

藤野先生说："世界上有很多人，他们不是在'找工作'，而是在'找公司'，这些人把'属于某一个公司当成了自己的使命'，但是虎型人不同。虎型人并不是效忠于他们所属的公司或者机构，而是效忠于自己的客户和合作伙伴。"

我问了伊礼先生同样的问题，他不假思索地说："我不舍得离开现在的公司，因为这里有我很信赖的领导。而且，我非常认同我们公司的理念。"

结束语

这本书中出现的"打工虎"都是真实存在的。

在商务类网络媒体上,曾连载过一个题为《跟"打工虎"学习工作方法》的系列访谈,本书便是以这个系列访谈为基础创作完成的。书末附有受访嘉宾的真实姓名和所属单位,敬请参看。

在这里,我想简单回顾一下本书的创作历程。

一天,我收到了 Biz/Zine 的主编栗原茂先生发来的信息:

"仲山先生,要不要以'企业职员的工作方式'为主题做一个有深度的连载呢?藤野先生不是提出过'虎型人'这个概念吗?我们就与数位职场中的虎型人进行访谈,把记录下来访谈的内容做成这样的连载,您觉得怎么样呢?"

"听起来好像很有趣啊！我想做！"

就这样，于 2018 年 2 月开始了第一期连载。

连载的初期，其实很多具体的细节都还没有最终敲定，诸如一共要连载几期，或是之后要去采访谁，这些都是未知数。说实话，起初我暗自预期，"打工虎"并不多见，这个连载应该也做不了几期。

第一期文章（和藤野先生的谈话）刊登之后，我分享到了社交软件上，就有人留言说："很有趣！"那个人就是飞驒市市长都竹先生。

"啊！发现了一只'老虎'！"我的雷达响了起来，于是立即回复道："都竹先生在县政府工作时期的事迹也很符合我们的主题！我想邀请您做我们的访谈嘉宾，不知道您有没有时间？"

"仲山先生的邀请，我必须有时间啊。"

就这样，瞬间定下来了另一位受访嘉宾。

而且这种情况时有发生，并不罕见。随着我不断地发布与"打工虎"相关的信息，嗅到了同伴的气息的虎型人就会主动跟我联络，我的朋友和同事也会介绍他们身边的虎型人给我认识。

因此，连载持续了一年半之久，这期间我完全没有因为找不到受访嘉宾而苦恼过。

之后,在栗原先生的牵线下,我认识了编辑渡边康治先生,并与他商讨了如何将连载的内容出版成书。

当时我内心暗想:"只要把访谈的内容编辑一下,就能变成一本书了,肯定很轻松。"

但是,渡边先生略有所思地说:"仲山先生,那篇连载总共有 20 万字呢。"

"啊!有那么多?!要出书的话,必须削减一半左右吧?"

"我本来也是这么想的,但我把访谈的全部内容读了一遍后,发现一个难题……"

"难道是……内容不够有趣?"

"不、不、不,就是因为太有趣了,反而找不到可以删减的地方。但倘若将访谈的内容重新进行编辑,趣味性恐怕会降低,让我再想想看。"

就这样,出书的企划还没敲定,疫情来了,半年时间过去了。

在此期间,渡边先生亲自操刀出版了一本书,其灵感来源竟然是虎型人相关的报道。那便是仓成先生和电通 B 小组的著作《给工作注入一点热爱》。

后来，我跟渡边先生聊天时，偶然提到了仓成先生的书，以此为契机，我们重新启动了之前的出书企划。之后又邀请了当时负责连载的文字编辑宫本惠理子女士，我们三个人经过深入讨论和分析，最终决定还是重新写。我本以为轻而易举就能将连载文章编写成书，结果竟然需要重新写。

之后我经过反复摸索尝试，花了一年半的时间，最终写成了本书。

也正是这次的重新创作，加深了我对"虎型人"的理解。

那么，虎型人到底是什么样的人呢？

其实，几乎所有的受访嘉宾都曾说过："我哪里是什么虎型人啊？哪有老虎那么了不起呀？"更加令我印象深刻的是，当连载过半的时候，我收到了一些相似的反馈："我在公司里被同事视为异类，甚至被排斥，读了虎型人的连载，我了解到，原来世界上还有很多和我一样的人，这让我心里感到踏实。"这样的反馈给了我一些启发，我开始深入思考，想要明确地描绘出虎型人的形象，而不是简单地得出"虎型人 = 强者/胜利者"这种表层含义。

在此，我想分享一些本书正文中未能提及的内容：

· **狮子是猫科动物**

有的读者可能已经注意到了，不光猫和老虎是猫科动物，狮子也是。四种动物之中，只有狗属于犬科。

猫型人，通过努力就可以进化为虎型人。那么，犬型人努力后就能变成狮型人吗？虽然在四种动物型人的图示中，犬型人上面对应的是狮型人，但是会不会有这种可能，犬型人再怎么努力也无法成为狮型人呢？

这么想来，最近一些大企业的一把手因其不当行为而陷入困境的新闻事件，会不会就是犬型人"披上了狮型人的外衣"造成的呢？一个犬型人由于种种原因当上了公司的一把手，并且一直伪装成狮型人。但是当外部环境发生变化的时候，他无法应对急剧的变化，一直沿用从前的团队运营逻辑，给企业造成了损失，最终原形毕露。

· **虎型人的最终形态**

一个偶然的瞬间，我突然想到，将"打工虎"的特征发挥到极致，应该就会成为"打工寅"吧。

如同电视剧里象征自由的"寅次郎"[①]那样，不需要刻

---

① 寅次郎是日本著名的励志喜剧片《寅次郎的故事》里的主人公，乐善好施，秉性率真。

意做些什么，只需保持其率真的秉性，就能给周围的人带来欢乐。做自己想做的并且擅长的事，还能给别人带来欢乐，我把这种状态称为"以自我为中心的利他"。

在日语中，"寅"的发音与"虎"的发音相同，并且二者都代表十二生肖中的老虎，而"打工寅"又能联系到我们熟知的电视剧角色"寅次郎"上。就二者的含义来说，我认为"打工寅"处于"打工虎"的上层阶段。与神经尚且处于紧张状态的"打工虎"不同，"打工寅"没有锋利的獠牙和利爪，无论什么时候都保持着一种放松且自然的状态，而这种状态正是"打工虎"所憧憬的境界。

· 猫和狗同根同源

连狮子也是猫科动物，那四种动物中岂不是只有狗和其他动物不同了？带着这个疑问我查阅了一下资料，才发现原来不论猫科还是犬科都属于哺乳纲、食肉目！

猫和狗其实是由同一种动物（古猫兽）进化而来的。后来，人类选择了嗅觉灵敏、擅长奔跑追逐的狗作为他们狩猎时的同伴。

而人类在定居下来种植水稻之后，又选择利用猫来捕捉老鼠、保护粮食。果然，猫和狗各自有自己擅长的领域，并没有哪一种动物更尊贵一说。而且，大家是同根同源的伙伴！

·执笔写书后，家里来了只猫

刚开始写这本书的时候，我对猫既没什么特别大的兴趣，也不是很了解猫这种动物。但是，要在书中谈论"团队里的猫"，我认为自己不仅需要了解概念上的"猫"，还要了解真正的猫，不然我写出的文字就缺乏说服力。正当我这么想的时候，我家的院子里竟然出现了一只野猫。

在我家，除了我之外，其他人都喜欢猫，但都对猫过敏，不过我们还是为它准备好了猫粮和床，然后它就开始在我家的院子里过夜了。之后我也试过把它放进屋里来，但它一进屋就生气地吼叫，没办法，我们又把它放回外面去了……这样反复几次之后，现在它稍微有点家猫的样子了。

在观察的过程中，我发现猫完全不按常理出牌。你以为它饿了，会把猫粮一扫而光的时候，却发现它一点都没吃；你以为梅雨季节或者酷暑天气时它会想进屋，结果一把它放进屋里，它就嚷着"让我出去"；你以为抚摸它，它会很享受的时候，它却斜你一眼，仿佛在说"你这个人烦不烦啊"，然后一溜烟儿地跑开了。

这让我深深体会到犬型人上司的不易，他们与猫型人下属相处的时候，大概就是这种感觉吧。

为了了解更多有关猫的知识，我查阅了一些资料，了解到：如果一只猫从小和狗一起长大的话，有可能会变成一只"像狗一样的猫"。这就和团队中"披着狗皮的猫"的成长机制是一样的了。所以，我认为出版这本书的意义就是向大家传达：

即便你工作在一个满是犬型人的环境中，即便团队一直把你当作犬型人来培养，你也还是可以保持本色，做猫型人。

·从事自由职业的虎型人，也能成为"团队中的虎型人"

自由撰稿人宫本惠理子女士作为"打工虎"连载的文字编辑，几乎对所有的嘉宾访谈内容进行了整理、润色、编辑。因此，在创作本书的时候，我也邀请了她参与。

宫本女士曾在多家媒体平台采访过形形色色的人，其中不乏一些知名人士。采访后，她还负责将采访内容撰写成文、出版成书，是一位"从事自由职业的虎型人"。

"自由职业虎"是继"创业虎""青年虎""打工虎"之后的"第四种虎"。我们在创作本书的时候，宫本女士作为创业成员之一，加入了一家新成立的公司。听说其职衔是"行政撰稿人"。这一点也非常符合虎型人的特征——有一个为其量身定做的专属头衔。

我问宫本女士:"在这家公司,您今后打算以什么样的形式进行工作呢?"

她回答说:"我觉得只在一家公司工作的话,自己就会很闭塞,所以跟公司协商签订了'半自由职业合约'。"

这番话一听就是"团队中的虎型人"才有的发言。宫本女士果然是一个虎型人啊!

谢词

这本书是我与"打工虎"的命名人——藤野先生,以及各位访谈嘉宾共同创作出来的。进行采访的过程中,我有幸听到了许多像漫画一样有趣的小故事和一些绝妙的观点,每一次访谈都给我带来了许多欢乐。在这里,我要再一次向他们表达我诚挚的谢意!

藤野英人先生、坂崎绚子女士、伊礼真先生、齐藤义明先生、都竹淳也先生、岛原万丈先生、我堂佳世女士、户村朝子女士、伊藤大辅先生、渡边裕子女士、流乡绫乃女士、仓成英俊先生、岩佐文夫先生、仓贯义人先生、竹林一先生,真的非常感谢你们!

还有,感谢给了我连载机会的栗原茂先生,为本书执笔撰稿的宫本惠理子女士。在二位的帮助下,我才得以轻松愉快地完成了本次工作。谢谢你们!

在本书的创作过程中，我与编辑渡边康治先生和撰稿人宫本女士组成了三人小组，一起探讨如何才能把虎型人的魅力更好地传达给读者朋友。那段时光，我感到特别快乐。

另外，要感谢三木谷浩史先生，他让我加入了公司的团队里。同时还要向与我一起愉快"玩耍"的乐天市场的各位网店店主们表示感谢。

最后，我要感谢我的妻子和15岁的儿子。他们都对猫过敏，但还是和我一起收养了跑到我们家院子里的野猫，开展了"家庭内猫型化项目"，这给了我很多写作的灵感。（说句题外话，在我家的家庭地位排序是：猫，妻子，儿子，我。）

如今这本书总算出版了，之后我想要进一步建立猫型人、虎型人群体的联系，促进他们的交流。因为当今社会中，能够让虎型人最大程度地发挥其能力的企业应该还不是很多，所以感到被团队孤立的"打工虎"也应该不在少数。虽说虎型人能够享受孤独，但他们也并不希望被孤立。

虎型人之间如果建立起了丰富的联系，他们可以相互启发、相互激励。而且，在一个虎型人能够"虎虎生威"的团队里，猫型人也更容易大展身手。而当一个团队里的猫型人不断增多的时候，就会涌现出更多的虎型人。

如果本书读者中的虎型人和猫型人建立起了联系，以本书为媒介，最终创建出一个"虎型人和猫型人专属的社群"，我会非常开心！

仲山近也

2021 年 10 月

附录

作者的经历

1973 年　生于北海道旭川市。小学 3 年级开始迷上了足球。

1995 年　大学 4 年级，司法考试落榜。

1996 年　为了保留应届生身份找工作，主动留级（成为大学 5 年级的学生）。次年，入职夏普公司。

1999 年　跳槽到草创期的乐天市场（那时仅有 20 个成员）。不懂互联网，却稀里糊涂地成为第一代电子商务顾问。

2000 年　接到上级指示，要求"三周后开展一个新业务"，于是凭一己之力创办了"乐天大学"。在这所大学里，乐天的网店店主们可以相互学习和交流。后又参与了网店店主社群的建立。

2001 年　接到上级命令，需要马上将乐天大学的讲座内容出版，因而伏案执笔，一个月后出版了《乐天市场直接传授——让电子商铺繁荣起来的60个秘诀》。

由于不擅长管理，举起白旗宣布"投降"，主动从部长职务降职。

2004年　接到通知说"你明天开始过来帮忙吧"，被调到神户胜利船足球俱乐部，创建网店。

2005年　接到上级命令，要求"从下个月开始发行企业内刊"，于是创刊了面向乐天店主的月刊《乐天梦》。

2007年　乐天市场从20人壮大到数千人，以我在这一过程中所经历的"成长痛"为基础，在乐天大学开启了一个"团队建设项目"。

不知为何成为乐天市场唯一的"合伙人式正式员工"，可以从事副业，上下班时间自由。

2008年　创立仲山考材股份有限公司（副业）。

2011年　作为支援地震灾后重建的一个项目，在乐天市场设立了"南三陆町观光协会官方产品试卖店 Mina Mina 卖场"。以众筹的方式筹集了花火大会的项目资金2000万日元。

2010年　第一本著作《乐天大学校长教你培养商业头脑》出版。

2012年　与热门漫画《逆转监督》合作出版了《如何带领你

的队员获得大金星》。

2013 年　与岐阜县县厅的都竹淳也先生合作创建电子商务运营商联盟。

2014 年　出版了一本倡导不与同行竞争的市场营销方面的书籍《那家店为什么能摆脱消耗战》。

2015 年　出版了续篇《那家公司为什么能不断实现差异化》，提倡共创式营销和社群商业模式。

2016 年　被初次见面的藤野英人先生认定为"打工虎"。

与横滨水手足球俱乐部签订了职业合同，参与青少年和教练员的培养项目。

2018 年　《在团队中自由地工作》出版，提出"职场中的加减乘除法则"。

在 BIZ/ZINE 上开始连载《向"打工虎"学习工作方法》。

成为 RHEOS CAPITAL WORKS 股份公司（藤野先生的公司）的"签约打工虎"，以及 YOHO BREWING 的"空气员工"，参与该公司的团队建设。

2019 年　与在横滨水手足球俱乐部工作期间的同事——菊原志郎先生合著的《足球和商场专家揭秘人才培养的本质》出版。

与《名侦探柯南》的第一代编辑畬俊之先生合作的

《看漫画学习电子商务》出版。

2020年　疫情期间与仓贯义人先生一起启动了"远程团队建设项目"。

2021年　与畅销漫画《青之芦苇》合作新书。建立了名为"青之芦苇制作部"的社群，共享新书创制的过程。

图书在版编目（CIP）数据

进化：快速打开局面的职场丛林法则 /（日）仲山进也著；于丽丽译 . -- 北京：北京日报出版社，2024.3
ISBN 978-7-5477-4666-0

Ⅰ.①进… Ⅱ.①仲… ②于… Ⅲ.①工作方法—手册 Ⅳ.① B026-62

中国国家版本馆 CIP 数据核字 (2023) 第 156192 号

「組織のネコ」という働き方
(Soshiki no Neko toiu Hatarakikata : 7023-7)
© 2021 Shinya Nakayama
Original Japanese edition published by SHOEISHA Co.,Ltd.
Simplified Chinese Character translation rights arranged with SHOEISHA Co.,Ltd.
through JAPAN UNI AGENCY, INC.
Simplified Chinese Character translation copyright
© 2024 by Tianjin Staread Culture Communication Co.,LTD.

著作权合同登记图字：01-2023-5949

进化：快速打开局面的职场丛林法则

出 品 人：	柯 伟
选题策划：	刘 嫄
责任编辑：	曲 申
助理编辑：	曹 云
特约编辑：	宋 鑫 刘 嫄
封面设计：	八牛·设计
版式设计：	修靖雯
出版发行：	北京日报出版社
地　　址：	北京市东城区东单三条 8-16 号东方广场东配楼四层
邮　　编：	100005
电　　话：	发行部：（010）65255876
	总编室：（010）65252135
印　　刷：	三河市嘉科万达彩色印刷有限公司
经　　销：	各地新华书店
版　　次：	2024 年 3 月第 1 版
	2024 年 3 月第 1 次印刷
开　　本：	880 毫米 ×1230 毫米　1/32
印　　张：	7.5
字　　数：	150 千字
定　　价：	49.80 元

版权所有，侵权必究，未经许可，不得转载